나는 건물 없이도 월세 받는다

나는 건물 없이도 월세 받는다

초판 1쇄 인쇄 | 2023년 3월 20일
초판 1쇄 발행 | 2023년 4월 14일

지은이 강영식
발행인 이승용
북디자인 DEEDEE | **홍보영업** 백광석
기획 페이퍼페퍼 아트스튜디오PaPerPePPer ArtStudio

브랜드 치읓
이메일 paperpepper.official@gmail.com / midas_bear@naver.com

발행처 (주)책인사
출판신고 2017년 10월 31일(제 000312호)
값 16,800원 | **ISBN** 979-11-90067-66-9 03320

[치읓] 출판사 인스타그램 바로가기

절대 실패하지 않는 월 1천만 원 수익,
고시원 창업의 숨겨진 비밀

나는 건물 없이도 월세 받는다

지음 강영식

월 1천만 원, 연 25%의 안정 수익, 고시원 창업부터 운영, 고객 관리
알려고 해도 절대 알 수 없는 高시원 高수의 숨은 노하우

"불황의 시대, 꾸준한 수익을 올릴 수 있는
유일한 창구는 어디인가?"

보이지 않는 특수한 부동산 투자 시장,
고시텔의 투자, 운영에 대한 모든 것!

Table of Contents

PART
1

절대 실패하지 않는 월 1천만 원 수익, 고시원 창업의 숨겨진 비밀
: 내가 고시원 창업을 선택한 5가지 이유

PART
2

1개 건물을 가진 임대인보다 100개의 원룸을 가진 임차인이 되어야 하는 이유
: 고시원, 제대로 알면 반드시 성공할 수 있다

◆高시원 高수익 100% 창업 성공 노하우 ③ 매물 방문 및 시설 확인 체크리스트

PART
3

마케팅, 맡기지 말고 맡아서 해라
: 高시원 高수익 100% 만실 노하우 1

◆高시원 高수익 100% 창업 성공 노하우 ④ 고정비용 확인 및 기타 비용 예상

PART
4

창업자의 서비스는 반드시 소문이 난다
: 高시원 高수의 100% 만실 노하우 2

◆高시원 高수익 100% 창업 성공 노하우 ⑤ 입실료와 수익률을 꼼꼼히 확인하라

PART
5

고시원 운영, 기본만 알면 누구나 할 수 있다
: 高시원 高수의 100% 만실 노하우 3

나는 매우 평범한 50대 직장인이었다

필자는 23년간의 직장생활을 정리하고 2021년 5월 고시원 1호점을, 6개월 후인 2021년 11월에 2호점을, 그리고 2022년 4월에 3호점을 창업했다. 현재는 컨설팅과 중개 요청이 많아, 두 곳을 좋은 조건에 양도하고 한 곳의 고시원을 운영 중이다.

퇴사 3년 전부터 인생 2막에 대하여 본격적으로 고민하기 시작했고, 무지(無知)했던 부동산에 대해 무작정 공부하기 시작했다. 부동산을 알기 위해서는 우선 민법에 대한 이해가 필요했다. 자연스럽게 공인중개사 자격증을 취득하게 되었고, 공부를 하며 부동산 투자에도 더 많은 관심과 정보를 습득하게 되었다.

짧은 기간 동안 경매, NPL(부실채권) 투자, 갭투자 등의 실전 투자를 경험하였고, 결과는 꽤 성공적이었다. 제2의 인생을 위한 경제활동으로 내가 경험한 것들 중 무엇을 선택할지 고민에 고민을 거듭한 결과, '고시원 창업'으로 가닥을 잡게 되었다.

많은 자영업, 부동산 아이템을 두고 나름 분석해 본 결과, 고시원이 상당히 매력적인 업종이라는 결론에 도달했다. 안정성과 수익성을 겸비한 것은 물론, 보람된 일을 영위하며 새로운 인생 2막을 펼쳐갈 계획을 가진 필자에게는 최선의 업종이었다.

그렇게 고시원을 창업하기에 이르렀고, 회사에 있을 때보다 훨씬 더 행복하게 일을 하게 됨은 물론, 경제적으로도 매우 좋은 성과를 올리고 있다. 고시원으로 출근하면서 가기 싫은 발걸음을 떼어 본 적이 한 번도 없으니, 필자는 분명 고시원과 궁합이 좋은 것 같다.

나에게 고시원은 어떤 의미일까?

'행복한 일터'라고 정의하고 싶다. 매일 출근하고 싶고 땀 흘리는 시간이 즐겁고 행복하며, 일한 만큼 그 이상의 성과까지 얻을 수 있으니, 이보다 행복한 일터는 없다. 고시원을 운영하면서 느낀 가장 큰 교훈은 '공짜는 없다'는 것, '하늘은 스스로 돕는 자를 돕는다'는 것, 그리고 '땀은 절대 배신하지 않는다'는 것이다.

고시원을 투자의 개념을 넘어 행복한 일터로 여기는 것이 중요한 이유가 여기에 있다. 아무리 시설이 좋고 위치가 좋은 고시원이라 하더라도 운영자가 제대로 운영하지 않으면 기대하는 수익을 내기 어렵다. 창업 초기 가졌던 마음과 자세를 계속해서 이어 나가는 것이 매우 중요하다. 모든 사업이 초심을 지키지 못해 무너진다. '이 정도면 됐지'라고 생각하는 순간부터 퇴보가 시작 된다는 것을 잊어서는 안 되겠다.

나는 매우 평범한 50대 직장인이었다. 지금은 전실이 만실인 고시원의 경영자이자 고시원 예비 창업자에게 도움을 주는 컨설 턴트, 고시원 전문 중개소를 운영하는 중개사다. 고시원 창업을 꿈꾸는 분들에게, 새로운 인생을 위해 준비하고 있는 사람들에 게, 특히 직장 은퇴를 앞두고 있는 분들에게 희망과 용기를 드리 고 싶은 마음에서, 창업과 운영에 대한 필자의 모든 경험과 노하 우를 담아 이 책을 쓰게 되었다.

책을 읽으면서 궁금한 사항이 생긴다면, 아래 필자의 블로그 와 이메일로 언제든지 연락을 주기 바란다. 부디 이 책이 제2의 인생을 준비하는 분들에게 커다란 보탬이 되기를 바라며 고시원 스토리를 시작한다.

▶ 필자가 운영하는 블로그
blog.naver.com/gosiwon_story

▶ 문의할 이메일 주소
kys9001@naver.com

제2의 인생, 매의 눈으로 준비하다

부동산 공부를 시작하다

퇴직이 얼마 남지 않았던 2018년도 초, 은퇴 후의 인생에 대해 진지하게 고민하게 되었다. 처음에는 무엇인가 준비하지 않으면 안 되겠다는 강박관념으로 무작정 부동산 공부를 시작했다. 그리고 그 공부는 자연스럽게 공인중개사 자격증 시험으로 이어졌다.

1차 시험과 2차 시험을 같은 해에 동시에 준비하는 것은 시간상으로 무리가 있다는 판단에, 2년간 차분히 준비하였고, 2019년 12월 자격증을 취득할 수 있었다. 덕분에 현재는 고시원 창업 컨설팅과 더불어 창업자들에게 고시원 매물까지 중개할 수 있는 중개업까지 하고 있다.

누구나 도전할 수 있고, 매년 2만 명 정도의 합격자를 배출하는 시험이지만 제2의 인생을 준비하는 사람들에게는 스스로 자신감을 불어 넣고 동기부여 해줄 수 있는 유용한 시험이라고 생각한다. 꼭 합격하지 않아도 민법이나 세법은 제대로 공부해 두면 나중에라도 꼭 도움이 될 것이다.

경매를 배우다

중개사 시험 준비를 하면서 동시에 경매와 NPL(Non Performing
Loan, 부실채권)도 강의를 통해 배웠다. 그리고 실행에 옮겼다. 실행하
지 않으면 아무런 의미가 없다. 비싼 수강료 지불하고 강의만 열심히 듣
고 실행하지 않는 사람들도 상당히 많다.

새로운 인생을 위해 무엇이든 공부하기 시작했다면, 실전의 경험을
위해 꼭 실행에 옮겨 보기 바란다. 필자는 이 수업 이후 2020년 7월 오산
역 근처의 조그마한 원룸을 3200만 원에 낙찰받아 1년 동안 월세를 놓
다가 현재는 3500만 원에 전세를 놓고 있다.

2019 타경 12618 (임의)		물번1 [매각] ∨	매각기일 : 2020-07-16 10:30~ (목)		경매15계 031-210-1375
소재지	(18137) 경기도 오산시 오산동 884-22 스위트빌B 제1층 제101호 [도로명] 경기도 오산시 오산로 169-1 (오산동)				
용도	다세대(빌라)	채권자	유한회사리브르자산관리대부	감정가	49,000,000원
대장용도	다세대주택	채무자	로반	최저가	(49%) 24,010,000원
대지권	12.61㎡ (3.81평)	소유자	로반	보증금	(10%)2,401,000원
전용면적	16.75㎡ (5.07평)	매각대상	토지/건물일괄매각	청구금액	114,767,917원
사건접수	2019-05-28	배당종기일	2020-03-06	개시결정	2019-05-29

기일현황			
회차	매각기일	최저매각금액	결과
신건	2020-05-08	49,000,000원	유찰
2차	2020-06-10	34,300,000원	유찰
3차	2020-07-16	24,010,000원	매각
강병식/입찰5명/낙찰32,000,000원(65%) 2등 입찰가 : 28,999,000원			
2020-07-23	매각결정기일		

본건

낙찰받은 물건

입찰에 참여하여 낙찰받고 법무사 도움 없이 셀프 등기 과정까지 마무리 지으면서 부동산 경매의 일련의 과정에 대해서 제대로 이해할 수 있는 좋은 기회가 되었다.

NPL을 배우다

아파트 같은 주택이 경매로 나올 경우, 요즘에는 거의 시세대로 낙찰가가 형성되어, 낙찰을 받더라도 수익을 실현하기 위해서는 상당한 시간이 필요하다. 그것도 부동산 가격이 오른다는 전제하에서 말이다. 이에 필자는 좀 더 확실한 수익을 줄 수 있는 투자방식을 찾다가 NPL투자를 알게 되었고 실행에 옮겨 적지 않은 수익을 실현하였다.

청구금액이 214백만 원짜리 선순위 근저당을 매입하여 채권최고액 260백만 원을 배당받았다. 투자금이 모두 자기자본일 경우 자기자본 대비 수익률은 21%, 만약에 대출 등으로 타인자본을 50% 사용했다면 자기자본 대비 수익률은 42%가 되니 실로 어마어마한 수익률이 아닐 수 없다.

순위	접수일자	권리종류	권리자	권리금액	소멸여부	비고
갑4	2007-08-30	소유권		(거래가)280,000,000원	이전	매매
갑5	2018-01-30	소유권		(거래가)322,000,000원	이전	매매
을8	2018-01-30	(근)저당	국민은행	260,400,000원	소멸기준	
을12	2019-01-17	(근)저당	남양주세무서장	60,000,000원	소멸	
을13	2019-11-07	(근)저당		100,000,000원	소멸	
갑9	2019-12-18	가압류	전문건설공제조합	204,522,027원	소멸	
갑10	2020-01-21	가압류	북시흥농업협동조합	56,240,767원	소멸	
갑11	2020-08-05	임의경매	국민은행		소멸	

NPL투자물건

갭투자를 경험하다

부동산을 공부하면서 가장 크게 깨달은 점은 레버리지(leverage effect) 효과였다. 직장생활을 할 때 대출은 갚아야 할 빚으로만 여겼다. 부동산 투자를 공부하면서 이 생각이 얼마나 어리석고 무지한 생각이었는지 뼈저리게 느꼈다.

2020년에도 부동산 가격은 지칠 줄 모르고 오르고 있는 상황이었고 퇴사전에 직장인 신용대출을 최대로 받아 2020년 4월에 어느 지역의 아파트를 전세 1억 5천만 원, 매매가는 2억 2천만 원, 즉 7천만 원으로 아파트 1채를 매수했다.

2021년 말에 실거래가가 4억 3천만 원을 기록했고 현재 전세 2억 3천만 원을 받고 있다. 물론 2022년 11월 현재 기준금리 인상으로 부동산 시장이 얼어붙어 매매와 전세 시세가 각각 3억 5천만 원, 2억 수준으로 떨어진 상태이긴 하나 자기자본 한 푼 들이지 않고 오로지 타인자본만으로 수익을 창출했다는 점에서 그 의미를 찾을 수 있겠다. 금융기관으로부터 대출을 받을 수 있다는 것 또한 그 사람의 능력이라고 필자는 생각한다.

고시원 창업을 결심하다

퇴사하기 3년 전부터 부동산을 공부하고 실제로 투자를 해 보면서 세상을 바라보는 새로운 시야를 갖게 되었다. 퇴사 후의 제2의 인생에 대해서도 어느 정도 자신감을 갖게 되는 계기가 되었다.

그러고 보면 무작정 시작한 부동산 공부가 헛되이 시간을 보낸 것이 아니었다. 결과적으로는 제2의 인생의 튼튼한 기초가 되어 준 것이나 다름없었다.

퇴사 후부터 위와 같은 단발성 투자가 아니라 직장인의 월급처럼 매월 꾸준히 현금흐름을 가져다 줄 수 있는 사업 아이템이 필요했다. 오랜 직장 생활에서 겪은 분석 능력을 발휘하여, 많은 업종을 검토하고 숙고하는 과정을 거쳤고, 최종적으로 고시원 창업을 선택하기에 이르렀다. 즉, 필자에게 고시원 창업은 23년간의 직장 생활의 노하우, 그리고 제2의 인생을 위한 수년간 공부와 훈련의 결과물이다. 모든 경우의 수와 실전 경험을 거친 후의 선택이었기에 '고시원 창업'에 대해 누구보다 자신 있게 추천할 수 있다. 이제부터 본격적으로 필자가 어떻게 고시원 창업을 성공시켰는지, 어떻게 사람이 끊이지 않는 고시원을 만들었는지, 상세한 이야기를 해 보려고 한다.

Q.

고시원 창업 절차가 궁금합니다

A.

고시원 시장에 대해 충분히 이해가 되었다면, 먼저 중개사를 통해 매물을 소개받습니다. 매물이 마음에 들어 인수를 하고자 한다면 양도인(기존 임차인)과 양수인(새로운 임차인) 간에 권리양도양수계약을 맺습니다. 양수인은 관할 소방서를 방문하여 안전시설 등 완비증명서(구 소방 필증) 재발급 신청을 합니다. 이때 권리양도양수계약서를 재발급 신청서와 함께 제출합니다. 안전시설 등 완비증명서 재발급이 되면 날짜를 정해 임대인과 부동산 임대차계약을 맺으면 모든 절차는 종료됩니다.

高시원 高수익 100% 창업 성공 노하우

1. 공급 과잉 지역을 피하라

당연한 말이지만 **공급보다 수요가 많은 지역**의 고시원 매물을 잡아야 한다.

사실 이런 지역의 고시원은 특별한 사정이 있어 급매로 나오지 않는 한 매물로 거의 나오지 않는다고 봐야 할 것이다. 적어도 공급이 넘치는 지역은 일단 피해야 할 것이다.

고시원 매물을 소개하는 고시원 매매 사이트나 카페 등에 올라와 있는 매물의 소재지를 눈여겨 보면 어느 지역이 공급과잉인지 간접적으로 파악할 수 있다. 예를 들어 'OO시 매물'을 검색해 보니 매물이 많이 올라와 있다면 그 지역은 공급과잉일 가능성이 높다.

또 네이버 지도 등에서 해당 지역 또는 지하철역 이름을 넣어 검색해 봐도 그 지역에 고시원이 많은지 적은지 대략 짐작할 수 있다. 물론 직접 찾아가서 주변 현황을 눈으로 확인하는 것만큼 정확한 것은 없다. 필자는 수원이 거주지이다 보니 주로 경기 남부권의 매물을 자주 찾아보게 되었고, 아래는 네이버 지도에서 몇 개 지역을 검색해 본 결과이다.

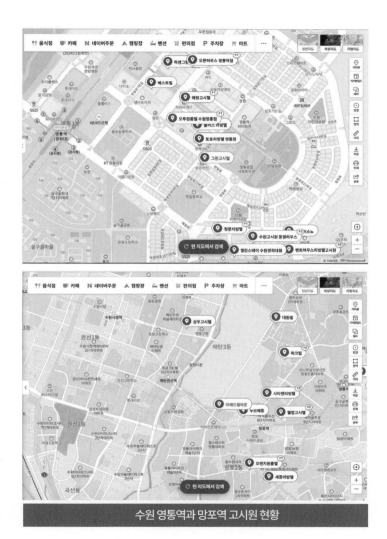

수원 영통역과 망포역 고시원 현황

영통역과 망포역은 지하철 한 정거장 거리이다. 네이버 지도상 영통역 주변에 13개, 망포역 주변에 9개가 검색된다. 합하면 **근거리에 20여 개의 고시원**이 있다는 뜻이다. 물론 네이버 지도에 등록하지 않은 고시원은 나타나지 않으니 **실제로는 그 수가 더 많을 수** 있다.

고잔역 고시원 현황

중앙역 고시원 현황

4호선 중앙역과 고잔역도 한 정거장 거리이다. 두 역 부근에 무려 24개의 고시원이 자리 잡고 있다.

| 음식점 | 카페 | N 네이버주문 | 캠핑장 | 펜션 | 편의점 | P 주차장 | 마트 | ··· |

오픈하우스 동탄점

드림원룸 +3

동탄 참조은고시텔

이편한원룸텔 +1

삼성레지던스 동탄점

동탄토토리빙텔 +1

순호고시텔

현 지도에서 검색

동탄 고시원 현황

최근에 개발된 동탄2신도시에는 고시원이 전혀 없고 동탄1신도시에는 7개의 고시원이 검색된다. 필자가 운영했던 동탄 고시텔은 매월 만실을 유지했고, 높은 권리금을 받고 매매할 수 있었다. 여러분이 고시원을 창업한다면 어느 지역의 매물을 매수하고 싶겠는가?

공급보다 수요가 많은 지역의 매물을 매수한다면 창업 초기부터 상당히 수월하게 고시원을 운영할 수 있다. 그러나 이런 매물이 거의 시장에 나오지 않는 것이 또한 현실이다. 따라서 창업을 하고자 마음을 먹었다면, **우선 공급과잉인 지역을 피해야 리스크를 최소화**할 수 있다.

조력자로부터 매물을 소개받으면 무조건 조력자의 말만 믿지 마라. 본인이 직접 위와 같이 인터넷으로 검색을 해 보거나 조력자와 함께 직접 발로 찾아가 주변 상황을 확인하여 매수할 만한 물건인지 판단해야 한다.

아무리 시설이 좋고 권리금이 저렴하더라도 공급과잉인 지역의 고시원을 인수한다면 운영자의 노력 여하와는 상관없이 실패할 가능성 또한 커진다. 만실 고시원은 요원한 꿈이 되고 그에 따른 정신적 스트레스도 상당할 것이다. **환경적 요인을 변화시킬 수는 없음**을 명심하기를 바란다.

PART
1

절대 실패하지 않는
월 1천만 원 수익,
고시원 창업의 숨겨진 비밀

: 내가 고시원 창업을 선택한 5가지 이유

매우 안정된 사업 아이템이다

사업 아이템을 결정할 때, 필수 고려 요소는 딱 2가지, **안정성과 수익성**이다. 안정성이 높으면 수익성이 떨어지고 수익성이 높으면 안정성이 떨어지는 것이 일반적이다. 두 가지 요소는 서로 상충관계이다.

다만, 필자가 보기에 고시원은 **안정성과 수익성을 겸비한 흔치 않은 업종**이다. 고시원 창업 시 투자금은 보증금과 권리금을 합한 것으로 이해하면 된다. 보증금은 임대차 계약 종료 시 임대인으로부터 돌려받는 돈이니 손실이 날 수 없다.

권리금도 고시원 운영자가 게으르거나 나태하지 않고 제대로 운영만 한다면 오르는 것이 일반적이다. 당연히 원금 손실 가능성 또한 매우 낮다. 연 투자 수익률(연 세전 수익/투자금*100)이 보통 25% 이상이니 수익성도 상당히 좋은 편이다.

과거에는 30%를 훨씬 넘는 고시원도 많았다고 한다. 그러나 최근 들어 고시원 창업에 관심이 있는 사람들이 많아지면서 매가가 높게 형성되고 있다. 더하여 건축법이나 소방법 등 각종 규제로 고시원은 신축이나 증축이 상당히 어려운 것이 현실이다. 신축과 증축이 어려운 것을 불리한 요소라고 생각하는 사람들이 있다. 하지만 고시원 운영자들에게는 분명 좋은 소식이 될 수 있다.

과거 프리미엄 독서실이 처음 등장했을 때 청소년이나 수험생들에게 많은 인기를 얻었다. 새로운 사업 아이템으로서 각광을 받았었다. 그러나 시간이 지나면서 어떻게 되었는가? 프리미엄 독서실이 우후죽순처럼 생겨나 공급이 수요를 초과하는 공급과잉 현상이 나타나 수익성이 현저히 나빠졌다. 하지만 고시원은 **이런 일을 걱정하지 않아도 되는 사업 아이템**이다. 까다로워진 법규로 신축이 거의 불가능해졌기 때문이다.

투자시 고려사항		
안정성 vs 수익성		
고시원 사업	원금 손실 가능성이 매우 낮다	안정성 수익성 겸비
	기대 수익률이 높다(연 25%이상)	희소성
	프리미엄 독서실 vs 고시원	

첫째, 특별한 기술이 필요 없다.

빵집을 하려면 제빵 기술이, 음식점은 요리 기술이 필요하지만, 고시원은 특별한 기술이 전혀 필요 없다. 만약 필자가 해당 기술을 배워 빵집이나 음식점을 창업했다면 그저 그런 빵집이나 음식점이 되었을 가능성이 매우 높다.

맛이 그저 그런데 아무리 친절히 서비스를 잘한다 해도 과연 손님이 잘 오겠는가? 그러나 고시원은 운영자가 근면, 성실, 친절하고 입주민을 소중한 가족처럼 대하는 태도를 지속적으로 보여준다면 어느 순간 만실이 되고 그 만실이 쭉 이어지는 특별한 기쁨을 맛볼 수 있다.

둘째, 경기를 타지 않는다.

고시원은 다른 자영업종과는 달리 경기를 타지 않는다는 큰 장점이 있다. 조류독감이나 구제역 등이 발생하면 해당 가축을 사용하는 음식점들은 매출에 큰 타격을 받을 수밖에 없다. 또 어떤 사회적 이슈가 발생하여 소비자들이 불매운동이라도 하게 되면 가장 큰 타격을 입는 것은 가맹점주들일 수밖에 없다.

최근 코로나 이슈로 대부분 업종의 소상공인들이 엄청난 경제적 타격을 받았다. 일부 업종의 경우에는 행정명령으로 상당 기간 영업을 할 수 없었다. 그러나 고시원은 이런 이슈로부터 상대적으로 안전한 편이다.

셋째, 고시원 이용자의 수요는 사라지지 않는다.

고시원 운영 경험에 따르면, 고시원을 찾는 사람들은 대부분 1년 미만의 기간 동안 거주할 곳을 찾는 이들이다. 돈이 없어서가 아닌, 1년 미만 거주할 월세방을 얻는 것이 여러모로 불편한 사람들이 고시원을 찾는다. 일 때문에 몇 개월 동안을 주 거주지에서 멀리 이동해야 하는 이들에게는 **고시원이 그야말로 최적의 거주지**다.

6개월짜리 일반 원룸 월세를 찾기도 어렵지만 설령 기회가 되어 입주했는데 갑자기 일정 변동이 생겨 4개월만 머물고 떠나야 하는 상황이라면 세입자는 부동산중개소를 통해 새로운 세입자를 구해야 하고 중개수수료도 세입자가 부담해야 한다.

이런 번거로움이 있기 때문에 **고시원을 찾는 *꾸준한 수요가 분명히 존재***한다. 나중에 별도로 언급하겠지만 고시원 이용자는 30~40대의 젊은 직장인들이 주를 이루고 있으며 필자가 운영하고 있는 고시원들 또한 다르지 않았다.

Q.

기대되는 투자 수익률은 얼마나 될까요?

A.

저는 투자수익률을 이야기할 때, 편의를 위해 세후가 아니라 세전 수익을 사용하고 만실을 기준으로 합니다. 연간 투자 수익률 = 연간 세전 수익 / 투자 금액입니다. 여기서 투자 금액은 보증금과 권리금의 합을 말합니다. 요즘처럼 많은 사람들이 고시원 창업에 관심을 갖지 않던 시기에는 연간 투자 수익률이 40% 이상 되는 고시원들도 있었다고 합니다. 코로나 사태로 시세가 잠시 주춤했던 시절도 있었으나 최근에는 시세가 많이 올라 있는 상태입니다.

신규 진입이 어려운 시장이다

일반 주택이나 상가 건물처럼 고시원 신축은 쉽지 않다. 해당 법규가 까다롭기 때문이다. 2011년 국토부의 고시에 따르면 '같은 건축물에 해당 용도로 쓰는 바닥 면적의 합계가 500제곱미터(약 150평) 미만일 것'으로 제한하고 있다. 예를 들어 10층 상가 건물에 바닥면적 499제곱미터의 고시원이 이미 있다면 그 건물 내에는 더 이상 고시원을 신축할 수 없다는 의미가 된다.

2021년 6월, 건축법 시행령이 개정되었다. 고시원 방의 최소 면적 제한과 창문 설치 의무화를 명시했다. 서울시의 경우 *2022년 7월부터 신축, 증축하는 모든 고시원에 적용*했다. 화장실이 없는 방은 7제곱미터(약 2평) 이상, 화장실이 있는 방은 9제곱미터(약 3평) 이상이다. 그리고 창문(외창)을 반드시 설치해야 한다.

위의 두 가지 기준을 적용하여 서울에서 화장실을 갖춘 원룸형 고시원을 신축한다면, 주방이나 세탁실 등 공용면적을 제외하고 방은 32~33개 정도밖에 만들 수 없게 된다. 방 개수가 줄어들어 과거에 비해 수익성이 떨어지다 보니 고시원 신축은 드물수밖에 없다.

실제로 거래되는 고시원 거의 모두가 **새로운 법 규정을 적용받기 전에 건축된 것들**이다. 이처럼 고시원은 신규 진입이 어려워 공급이 쉽게 늘어날 수 있는 시장이 아니다. 이는 **상당히 매력적인 투자 포인트**임이 틀림없다.

주변에서 흔히 볼 수 있는 브랜드 독서실, 스터디카페 등은 마음만 먹으면 누구나 만들 수 있다. 그 때문에 최근에는 공급이 넘쳐나 초창기에 비해 투자 매력도가 상당히 떨어진 것이 현실이다. 이에 반해, 고시원은 **일정한 수요와 일정한 공급이 있는 시장구조**라고 할 수 있다. 즉, 투자 대비 **안정적인 수익 창출이 가능**하다고 할 수 있다.

2011 국토부 고시	같은 건축물에 해당 용도로 쓰는 바닥 면적의 합계가 500 제곱미터(약 150평) 미만일 것
건축법 시행령 개정	**최소 실면적** • 전용면적 7제곱미터 이상 • 화장실 포함 시 9제곱미터 이상 창문 의무화(외창 의무화) 서울시 22.7월부터 신축, 증축하는 고시원에 적용

04

투자 수익률이 매력적이다

부동산 투자에 대해 가장 중요하게 생각하는 것이 투자 수익률이다. 필자가 경험해본바, 보통의 부동산 투자의 경우 싸게 사야 하고, 오를 것을 사야 한다는 원칙을 따르고 있지만, 고시원의 경우 조금은 특수한 부동산 투자 형식을 따르고 있는 만큼, 고시원을 운영하고자 하는 예비 창업자들에게 좀 더 다른 시각으로 짚어봐야 할 필수 요소라 하겠다.

우선 **비교적 크지 않은 투자 금액으로 창업이 가능하다는 매력**이 있다. 뿐만 아니라 각자의 노력 여하에 따라, 수익이 오를 수 있다는 강점 또한, 가지고 있다. 투자를 결정하는 데 있어 가장 먼저 소요되는 비용으로는 권리금을 빼놓을 수 없다. 최근 들어 고시원 창업에 관심이 높아지면서 권리금 시세가 조금씩 올라가고 있다. 서울을 제외한 수도권의 올 원룸형 고시텔을 기준으로 방 30 ~ 35개 정도로 구성된 고시원은 *1억 후반에서 2억 초반의 투자 금액*이 필요하다. 반면 미니룸이나 샤워룸, 혼합룸 같은 경우 *1억 미만의 매물*도 다수 있다. 이정도 권리금 투자로 연간 세전 수익률은 보통 20~30% 정도이니 상당히 매력적인 수익률이라 할 수 있다. 이외 투자수익률에 대한 궁금증에 대해서는 <특별 부록> 편에 더 자세히 언급해 놓았으니 꼭 살펴보길 바란다.

고시원의 투자 금액 & 수익률		
투자액	월 세전 수익	연 수익률
1.5억	300~350만	24~28%
2.5억	500~600만	24~29%

1인 사업과 직장인 투잡으로 적합하다

고시원 창업 후 약 3개월 정도가 지나면 나름의 운영에 대한 루틴이 잡힌다. 자연스럽게 고시원에 머무르는 시간이 상당히 짧아진다. 더 나아가 **일주일에 2~3일 정도만 출근**하더라도 고시원 운영에 문제가 생기지 않도록 할 수 있어 무인점포처럼 거의 오토로 운영할 수 있는 단계까지도 갈 수 있다.

고시원 vs 타 자영업 비교		
	고시원	타 자영업
일일 업무 시간	1~2시간	10시간 이상
피고용인	불필요	필요
업무 시간 탄력성	매우 탄력적	비탄력적
오토 운영 여부	가능	거의 불가능

고시원 한 곳을 오토운영 단계까지 만들어 놓으면 1~2개의 고
시원을 추가하여 운영하는 것도 얼마든지 가능하다. 또 고시원
운영 이외의 다른 경제활동도 충분히 가능하다. 부업을 고려하
는 직장인에게도 안성맞춤의 업종이라고 할 수 있다.

高시원 高수익 100% 창업 성공 노하우

2. 믿을 수 있는 조력자는 필수

고시원은 특수한 부동산으로 예비 창업자에게는 잘 보이지 않는, **숨겨져 있는 것들이 많은 부동산**이라고 위에서 언급한 바 있다. 고시원 운영 경험이 있는 사람에게 보이는 것들이, 처음 시작하려는 창업자에게는 보이지 않는 것들이 많을 수밖에 없다.

따라서 자칫 잘못하면 악성 매물을 덜컥 계약하는 우를 범할 수도 있기 때문에 그런 위험을 최소화하기 위해서는 **믿을 만한 컨설턴트를 이용하는 것을 추천**한다. 수백만 원의 컨설팅 비용을 써서 수천만 원의 금전적 손실과 그에 따른 어마어마한 정신적 스트레스를 미리 차단할 수 있다면 결코 나쁘지 않은 계산법이라고 생각한다.

물론 컨설팅 비용을 들이지 않고 제대로 된 매물을 양수할 수 있다면 그것이 최선임에는 두말할 필요가 없겠다. 다만, 창업을 시작하기로 마음먹었다면, **적지 않은 비용을 투자**하게 된다. 그럼에도 불구하고, 컨설팅에 대한 비용을 아끼기 위해 홀로 창업에 대한 전반적인 과정을 진행하는 것에 대해 필자는 추천할 수가 없다. 결국 그 과정에서 만나는 사람들이 믿을 만한 사람인지, 고시원 창업에 대한 지식만 가지고 판단할 수가 없기 때문이다.

그렇다면 **믿을 만한 컨설턴트를 어떻게 찾을 것인가?** 일단 기회가 되는 대로 많은 컨설턴트를 만나서 이야기를 나눠 보기 바란다. 몇 마디만 나눠 봐도, 그 컨설턴트가 믿을 만한지 아닌지를 어느 정도 판단할 수 있다. 또한 컨설턴트가 컨설팅해 준 레퍼런스 사이트(Reference site)를 꼭 방문하여 컨설팅에 대한 만족도를 알아보는 것도 중요하다.

만약 레퍼런스 사이트를 소개하기 꺼리는 컨설턴트라면 신뢰하기 어려울 것이고, 자신 있게 자신이 컨설팅했던 고시원을 소개해 줄 수 있는 컨설턴트라면 충분히 신뢰할 수 있다. 필자가 운영하는 고시원을 계속 만실로 유지할 수 있었던 이유는 필자의 경험으로 축적된 노하우지만, 처음 창업할 때는 컨설턴트의 도움을 받았고, 이후 좀 더 쉽게 만실 운영을 할 수 있는 기반이 되었다. 고시원을 **처음 시작할 때는 리스크를 최소화하는 게 우선**이다. **그다음이 수익**이라고 생각한다. 리스크를 제대로 피하지 않으면 수익을 극대화할 기회는 오지 않기 때문이다.

PART 2

1개 건물을 가진 임대인보다 100개의 원룸을 가진 임차인이 되어야 하는 이유

: 고시원, 제대로 알면 반드시 성공할 수 있다

고시원의 용도

「건축법」에서 정하고 있는 용도별 건축물의 종류 분류는 아래의 표와 같다.

용도별 건축물의 종류			
구분	건축물 용도	구분	건축물 용도
1	단독주택	15	숙박시설
2	공동주택	16	위락시설
3	제1종 근린생활시설	17	공장
4	제2종 근린생활시설	18	창고시설
5	문화 및 집회시설	19	위험물 저장 및 처리 시설
6	종교시설	20	자동차 관련 시설
7	판매시설	21	동물 및 식물 관련 시설
8	운수시설	22	자원순환 관련 시설
9	의료시설	23	교정 및 군사 시설
10	교육연구시설	24	방송통신시설
11	노유자시설	25	발전시설
12	수련시설	26	묘지 관련 시설
13	운동시설	27	관광 휴게시설
14	업무시설	28	장례식장

28가지 모두를 군이 알 필요는 없고 고시원과 관련된 근린생활시설에 대해서만 간단히 살펴보겠다.

제1종 근린생활시설은 주민들의 필수시설로 소매점(슈퍼), 제과점, 이용원, 미용원, 탁구장, 체육도장, 의원, 치과의원, 한의원, 조산원, 산후조리원 등이 여기에 속한다.

제2종 근린생활시설은 취미생활이나 편의 생활 관련 시설로 공연장(극장, 영화관 등), 종교집회장(교회, 성당, 사찰), 학원, 독서실, 기원, 볼링장, 노래연습장, 다중생활시설(고시원) 등이 여기에 속한다. 단독건물 형태의 고시원도 있지만 **대부분의 고시원은 상가**

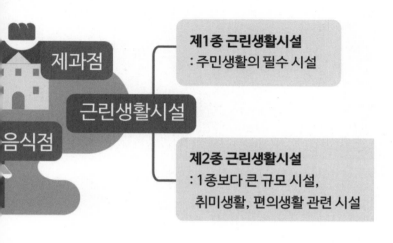

제1종 근린생활시설
: 주민생활의 필수 시설

제과점

근린생활시설

음식점

제2종 근린생활시설
: 1종보다 큰 규모 시설,
   취미생활, 편의생활 관련 시설

건물 내에 위치한다. 위 아래층을 살펴보면 다소 소음이 발생할 수 있는 업종들이 입점해 있는 경우가 대부분이다. 고시원은 제 **2종 근린생활시설에 속하기 때문**이다.

향후 고시원 매물을 볼 때, 이런 사정을 이해하고 같은 조건의 매물이라면 가능한 소음이 발생하는 업종이 덜 들어서 있는 **상 가건물의 고시원을 선택하는 편**이 좋다.

Q.

현재 고시원 연간 투자 수익률이 상당히 높다고 들었습니다.

지금이라도 서둘러 투자하는 것이 좋지 않을까요?

A.

고시원의 연간 투자 수익률이 높은 이유는 고시원 운영자의 땀과 노력이 들어가 있기 때문입니다. 이러한 땀과 노력을 생각하지 않고 단순히 투자수익률에만 매몰되면 후에 낭패를 볼 수도 있습니다. 공실을 최소화해야 하고 나아가 만실을 지속적으로 유지하는 것은 그만큼 운영자의 땀과 노력을 필요로 합니다. 아파트를 매수하거나 땅을 매수하는 등의 부동산 투자와는 전혀 다릅니다.

'고시원에는 주로 어떤 사람들이 거주할까'라는 질문에 여러분은 어떻게 대답하겠는가? 아마도 갈 곳 없는 독거노인들, 일이 없는 사람들, 불량한 사람들과 같이 사회적으로 부정적 이미지를 가진 사람들을 가장 먼저 떠올릴지도 모르겠다. 과연 정말 그런가? 아래 2018년도 국토교통부가 발표한 주택 이외의 거처 주거실태조사 결과를 보도록 하자.

아파트, 단독주택 등의 주택 이외의 거처 가구 수를 보면, 전국적으로는 고시원이 41%, 수도권에서는 68.7%, 비수도권에서는 11.6%를 차지하고 있다. 서울 및 수도권에 고시원, 고시텔이 집중되어 있음을 알 수 있다.

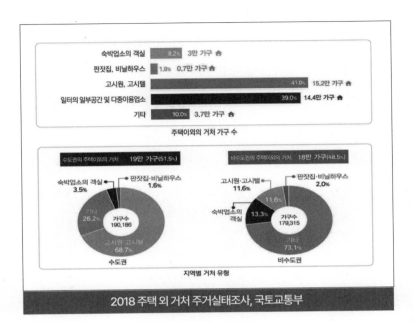

숙박업소의 객실 8.2% 3만 가구
판잣집, 비닐하우스 1.8% 0.7만 가구
고시원, 고시텔 41.0% 15.2만 가구
일터의 일부공간 및 다중이용업소 39.0% 14.4만 가구
기타 10.0% 3.7만 가구

주택이외의 거처 가구 수

수도권의 주택이외의 거처 19만 가구(51.5%)

숙박업소의 객실 3.5% ∙판잣집∙비닐하우스 1.6%
기타 26.2%
가구수 190,186
고시원∙고시텔 68.7%

수도권

비수도권의 주택이외의 거처 18만 가구(48.5%)

고시원∙고시텔 11.6% ∙판잣집∙비닐하우스 2.0%
11.6%
숙박업소의 객실 13.3%
가구수 179,315
기타 73.1%

비수도권

지역별 거처 유형

2018 주택 외 거처 주거실태조사, 국토교통부

이 조사에서 '고시원에 머무는 가구의 특징'도 분석해 놓았다. *1인 가구, 미혼인 청년층(평균 34.6세)이 주로 거주*하고 있고 거주기간은 *평균 1.8년*이다. 이들의 평균 소득은 월 180만 원 정도, 월 입실료는 33만 4천 원이고 사용 면적은 13.5제곱미터(약 4평)이다.

이들 대부분(약 73.7%)은 경제활동을 하고 있고 상용근로자 비율이 42.9%에 이를 만큼 안정적인 고용 형태를 보여주었다. 50대

중장년층은 주로 여관 등 숙박업소에 거주하는 것으로 나타났다. 필자가 운영하고 있는 고시원 또한 대부분 *30~40대의 젊은 층이 거주*하고 있고 이들 모두 **경제활동**을 하고 있다. 이제 고시원에 어떤 사람들이 거주하는지에 대한 의문이 풀렸으리라 생각한다.

03

고시원이라는 고정관념에서 벗어나라

고시원을 창업한다고 하면 가족이나 주변 사람들이 어떤 반응을 보일까? '많고 많은 것 중에 왜 하필 고시원이야?', '이상한 사람들 많은 곳 아니냐?', '진상들 많아서 엄청 고생한다는데, 왜 그리 험한 일을 하려고 하냐?' 등과 같은 반응이 아마도 지배적이지 않을까 생각한다.

고시원에 대한 편견은 쉽게 깨지지 않는다. 고시원 창업을 생각한다면 **스스로가 먼저 편견을 깨뜨려야** 주변 사람들의 이야기에 흔들리지 않게 된다. 더 이상 과거의 고시원은 어떠했다는 이야기를 일일이 나열하지 않겠다.

진화된, 하나의 거주지로서 인정받고 있는 현재의 고시원에 대해서 이야기하려고 한다. ㅇㅇ 고시텔, ㅇㅇ 원룸텔 등의 이름이 흔히 쓰이는 것도 고시원이 진화되어 왔음을 보여주는 일례라 할 수 있다. 최근의 고시원은 방 크기만 일반 원룸에 비해 작을 뿐, 방 내부에 화장실, 샤워 시설, 인터넷, TV, 에어컨 등 편의시설을 모두 갖춘 원룸형이 대세이고 이 점이 과거의 고시원과 대별되는 큰 차이점이라 할 수 있다.

아직도 미니룸(방에 화장실과 샤워 시설이 없음)이나 샤워룸(샤워 시설만 있음)으로 구성된 고시원이 있지만 고시원 창업을 염두에 두고 있는 예비 창업자라면 원룸형으로 구성된 고시원을 필자는 추천하고 싶다.

고시원은 **가장 마지막 단계의 주거지**라 할 수 있다. 누구나 자가 주택을 희망한다. 그것이 어려우면 전세, 전세도 어려우면 월세, 월세도 어려우면 고시원이 가장 마지막 선택지가 된다. 그래서 아직도 많은 사람들이 고시원에 대한 편견을 가지고 있는 것이리라. 여기서 간과해선 안 되는 점은 **전세나 월세의 형편이 되는데도 불구하고 고시원을 찾는 사람들이 있다**는 것이다.

이유는 간단하다. 일 때문이든 학업 때문이든 두세 달 정도 거주할 곳이 필요한 경우 고시원을 제외하고는 마땅한 선택지가 없기 때문이다. 따라서 고시원을 찾는 수요는 꾸준할 수밖에 없다.

지금의 고시원은 옛날처럼 갈 곳 없어 오는 곳이 아니라 **하나**

*의 거주지로서 자리매김*하고 있다. 고시원에 입주를 희망하는 사람들은 고시원 홈페이지나 블로그, 고시원 정보를 제공하는 포털 등을 통해 정보를 미리 알아본다. 충분히 가격과 시설을 비교해 보고 고시원 방을 구한다. 이들은 월세가 밀리는 경우도 없다. 정말 갈 곳이 없어 오는 사람들이 아니기 때문이다.

필자가 고시원 창업을 결심하게 된 결정적 이유이기도 하다. 부동산에 관심을 갖게 되면서 고시원을 접하게 되었고 책과 유튜브 등의 매체를 통해 고시원 창업에 대해 보다 자세히 알 수 있었다. 이런 과정을 통해 고시원에 대한 편견을 버리게 되었다. 이 책을 보는 독자들 또한 그러하리라 생각한다.

04

보이지 않는 특수한 부동산 투자 시장

우리가 흔히 접하는 주택 시장은 시세가 형성되어 있다. 그 때문에 매매나 임대차 계약에 큰 어려움이 없다. 그러나 상가임대차 시장은 보증금과 월세 외에 권리금이 있다 보니 이 **권리금의 적정성 여부를 판단하는 것이 매우 중요**하다.

중개사나 주변 사람들 말만 듣고 덜컥 계약했다가 낭패를 보는 경우도 심심치 않게 볼 수 있다. 보증금과 월세는 시세가 형성되어 있지만 권리금은 시세가 따로 없다. 양도하려는 사람이 받고 싶은 만큼 부르는 게 권리금이다 보니 적정 수준인지를 판단하는 것이 결코 쉽지 않다.

상가 임대차와 마찬가지로 고시원 예비 창업자가 부딪치는 가장 큰 난관은 소개받은 매물이 적정가격인지를 판단하는 것이다. 양도하려는 사람은 당연히 권리금을 많이 받으려 할 것이고 대부분의 중개사들은 권리금이 적정수준인지에 그다지 관심이 없다. 거래 성사에 관심이 있을 뿐이다. 거래가 성사되어야 중개 수수료 수입이 발생하기 때문이다.

심지어 양도하려는 사람이 **받고자 하는 권리금과 중개사가 이야기하는 권리금이 다를 때**도 있다. 중개사가 임의로 권리금을 높여 거래를 성사시키고 중개수수료 외에 수입을 더 챙기기 위한 목적이다. 이런 중개사를 만나 고시원을 양수하면 시작부터 경제적 손실을 안고 가야 하는 상황이 된다. 이는 정신적으로, 금전적으로 분명한 손해가 아닐 수 없다.

계약금을 지불하기 전과 후의 말이 다른 경우도 흔하다. 계약 전에는 공실이 5개라고 했는데 나중에 인수하고 보니 공실이 10개라든지, 평균 입실료가 35만 원이라고 했는데 나중에 보니 32만 원이라든가 하는 것들이 대표적 사례라 할 수 있다.

보통 계약 전에는 고시원 장부를 보여주지 않는다. 보여주더라도 아주 일부 내용만 두루뭉술하게 보여준다. 양수하려는 사람의 입장에서는 보통 답답한 일이 아니다. 이런 이유로 권리금 적정성 여부를 판단하기가 더욱 어려운 것이다.

그렇다고 해서 중개사의 말만 믿고 의사결정을 하기엔 불안 요소가 너무도 많은 것이 사실이다. 그 때문에 믿을 만한 조력자를 만나고, 자기 나름의 **권리금 산정 기준을 마련해 놓는 것**이 여러 불안 요소들을 회피할 수 있는 최선의 방법이라고 생각한다. (이에 대해서는 부록에 자세히 서술해놓았다.)

예비 창업자에게 있어서 고시원은 보이지 않는 것들이 너무도 많은, 특수한 부동산이다. 그러나 노력하는 만큼 보이지 않던 것들도 눈에 보이게 된다는 점도 강조하고 싶다. 누구도 나의 돈을 대신 지켜주지 않는다. 오로지 **내가 지켜야 한다는 평범한 사실**을 절대 잊지 말자.

05

고시원 운영 성공 원칙

어떤 이는 고시원 총무 경험을 몇 개월 경험해 보고 창업하라고 한다. 필자도 이 말에 전적으로 동의한다. 필자 역시 고시원 창업 전에 고시원 총무 생활을 좀 해보려 했으나 이런저런 사정으로 여의치가 않았다. 그래서 선택한 대안이 고시원 탐방이었다.

고시원을 창업하기 전, 30여 곳 이상의 고시원을 탐방했다. 지인을 통해 실제로 고시원을 운영 중인 분을 만나기도 했고 중개사를 통해 소개받은 고시원을 찾아가기도 했다. 또 고시원 방을 구하는 것처럼 해서 고시원을 방문해 보기도 했다.

여러 고시원을 탐방하다 보면 느끼는 점들이 있다. 무엇보다 '나중에 내가 고시원을 운영하게 되면 이렇게 하지 말아야지'라고 느낀 점들이 몇 가지 있어 적어보겠다.

첫째는 고시원 상태를 항상 청결하게 유지해야 한다.

특히 고시원 입구 또는 현관이 지저분하고 물건들이 정리되지 않은 채 놓여 있는 경우, 방을 보고 싶은 마음도 싹 사라진다. 방도 별반 다르지 않을 것이라는 선입견이 생기기 때문이다.

'입구나 현관이 지저분하지만, 방은 깨끗할 거야'라고 생각하는 사람이 과연 있을까? 또 어떤 고시원은 복도에 빨래 건조대가 줄지어 있고 복도 바닥이 머리카락과 먼지 등으로 신발을 벗기조차 민망한 경우도 있다. 이렇게 불결한 고시원에 살고 싶은 사람은 아무도 없을 것이다.

둘째는 손님을 맞이할 때 절대로 무릎 나온 트레이닝 복장을 하지 말아야 한다.

트레이닝 복장이 무조건 나쁘다는 것이 아니다. 트레이닝 복장이라도 깨끗하고 단정하다면 크게 문제 될 것은 없다고 생각한다. 그러나 그렇지 않은 경우 이는 상대방에 대한 실례라 볼 수 있다.

세일즈맨이 늘 정장 차림을 하는 이유는 멋있어 보이기 위함이 아니라 상대방에게 예의를 갖추기 위함이듯이 고시원 운영자라면 고시원 방문자에게 반드시 예의를 갖추고 응대해야 한다는 것이 필자의 생각이다. 복장을 어떻게 하고 있느냐에 따라 마음가짐도 달라질 수 있다는 것도 잊지 말자.

셋째는 상대방이 듣기 거북한 말투로 말해서는 안 된다.

매우 자신에 차 있는 고시원 운영자들이 있다. 주변 다른 고시원보다 본인의 고시원이 관리가 가장 잘 되고 있으며 다른 고시원에도 본인이 조언을 해 주곤 한다고 했다. 그럼에도 방값을 할인해 주겠다고 한다. 이유는 모르겠으나 공실이 많다는 것을 간접적으로 알 수 있다.

관리가 잘 되고 있는데 공실은 많다는 말은 앞뒤가 맞지 않는 말이다. 또 어떤 고시원 운영자는 고시원은 원래 이런 곳이니 일정 부분은 감수해야 한다는 식으로 이야기하기도 한다. 남녀노소를 불문하고 상대방에게 공손하고 매너 있는 말투로 응대해야 한다.

고시원 운영자는 잠재고객으로부터 선택을 받는 입장이라는 것을 명심해야 한다. 이 점을 간과하고 개선하지 않는다면 결코 공실은 줄어들지 않을 것이다.

넷째는 불쾌한 냄새가 나지 않도록 해야 한다.

환기가 제대로 되지 않아 공기가 묵직하고 답답한 경우도 있었고 복도에 널린 빨래로 인해 공기가 무겁고 축축한 느낌이 나는 경우도 있었다. 또 계단에서의 흡연으로 입구나 현관에 담배 냄새가 배어있는 경우도 있었다. 이런 불쾌한 냄새에도 불구하고 그 고시원에 거주하겠다는 예비 입주민은 없을 것이다.

다섯째 가급적 총무를 쓰지 말아야 한다.

총무를 쓰는 것이 무조건 바람직하지 않다는 말은 절대 아니니 오해 없길 바란다. 필자가 만난 총무들은 하나같이 잠재고객을 맞이할 준비가 전혀 되어 있지 않았다. 복장, 말투, 고객 응대 등 모두 낙제점이었다.

뒤에 설명하겠지만 이런 총무들은 고객을 당기지 않고 밀어내는 응대를 하고 있는 것이다. 고시원 운영자는 부득이 총무를 써야 한다면 반드시 제대로 일을 할 수 있는 총무를 찾길 바란다. 무표정한 얼굴에 무릎 나온 트레이닝 복장으로 귀찮은 말투로 잠재고객인 예비 입주민을 맞이한다면 예비 입주민은 한순간이라도 빨리 그 고시원에서 벗어나고 싶어 하지 않겠는가? 인터넷

에 해당 고시원에 대해서 혹평을 써 놓지 않는 것을 다행으로 생

각해야 할지도 모른다.

Q.

무인 판매점처럼 고시원도 오토로 운영할 수 있다고 하던데

정말인가요?

A.

가능합니다. 다만, 고시원 인수 후 일정 기간 동안 오토로 운영
이 가능할 만큼 시스템화하기 위한 사전 노력이 필요합니다. 무
엇보다도 화질이 좋은 CCTV 설치와 번호 키(도어락) 설치는 필
수입니다. 방을 보러 온 사람에게 CCTV를 보면서 전화로 방과
공용시설 안내가 가능해야 하고 즉시 입실하고자 하는 사람에게
방문을 열어 줄 수 있어야 하기 때문입니다.

高시원 高수익 100% 창업 성공 노하우

3. 매물 방문 및 시설 확인 체크리스트

고시원 매물을 소개받고 방문할 때는 반드시 체크리스트를 만들어 확인할 것을 권한다. 아무런 준비 없이 방문하면 고시원을 나오는 순간부터 머릿속에 남아 있는 것이 별로 없다는 것을 깨닫게 될 것이다. 다음의 내용들을 꼼꼼히 확인한다면 적어도 악성 매물은 피할 수 있다고 생각한다.

첫째, 고시원에 들어섰을 때 불쾌한 냄새가 나는 지 여부를 확인한다.

불쾌한 냄새가 나는 경우, 고시원 구조가 환기가 잘 안되게끔 지어져 있거나 현관이나 복도 등 공용시설의 청결 상태가 불량해서 그럴 수 있다. 후자라면 청소만 잘해 주면 해결될 수 있지만 전자라면 해결방법이 결코 쉽지 않다.

둘째, 입주 청소가 끝난 방에서 곰팡이 냄새나 불쾌한 냄새가 나는지, 화장실 청결 상태는 어떤지 확인한다.

사람이 살고 있는 방이 아니라 입주 청소가 끝나 바로 입실할 수 있는 방을 보아야 한다는 점이 중요하다. 아무래도 고시원의 방은 일반 주택과는 달리 밀폐되어 있어 환기가 잘 안되어 불쾌한 냄새가 날 수 있고 습기가 잘 차서 눈에 보이지 않는 구석구석에 곰팡이가 필 수가 있다. 필자도 곰팡이 방으로 고생하시는 원장님들을 가끔 본 적이 있다.

셋째, 에어컨 설치시기 및 관리상태를 확인한다.

인수 후 수리 비용 또는 교체 비용이 발생할 수도 있기 때문이다. 또 정기적인 에어컨 세척 여부도 확인이 필요하다. 2년 또는 3년에 한 번은 에어컨 세척을 해 주어야 냉방 기능이 유지되고 에어컨 가동 시 곰팡이 냄새가 나지 않는다.

에어컨 작동 여부도 확인한다. 개별 에어컨이라면 방마다 일일이 확인하는 것이 어렵겠지만 대형 에어컨 1~2대가 설치되어 있는 중앙냉방식이라면 간단히 작동 여부를 확인할 수 있다. 만약 겨울에 인수하고 이듬해 여름에 가동하려고 하니 에어컨 작동이 안 되어 수리를 해야 하거나 심한 경우 교체를 해야 하는 상황이라면 참으로 당황스러울 수밖에 없다.

계약 전에 미리 확인했더라면 수리 비용 또는 교체 비용이 당연히 매도자의 부담이다. 그러나 계약 체결 후에는 어디에 하소연할 수도 없다. 오롯이 매수자의 부담이다. **전원 스위치를 한 번 눌러보느냐 그렇지 않느냐**에 따라 수백만 원의 돈이 내 주머니에서 나갈 수도 그렇지 않을 수도 있음을 꼭 기억하길 바란다.

넷째, 보일러 설치시기 및 관리상태를 확인한다.

만약 여름에 고시원을 매수하면 에어컨의 이상 유무는 확인하겠지만 보일러는 간과하기 쉽다. 보일러를 사용하는 계절이 아니기 때문에 보일러까지 확인한다는 생각을 하지 못하는 경우가 많다. 반드시 작동 여부에 대한 확인이 필요하다. 보일러도 에어컨과 마찬가지로 수백만 원의 돈이 내 주머니에서 나갈 수도 그렇지 않을 수도 있다. 다시 한번 강조하지만 에어컨과 보일러는 **인수시기에 관계없이 작동 여부를 꼭 확인**할 필요가 있다.

다섯째, 공용 세탁기, 냉장고, 건조기 등의 설치시기 및 관리 상태도 확인한다.

너무 오래되었거나 관리 상태가 좋지 않으면 인수 후 수리나 교체 비용이 발생할 수 있다.

여섯째, CCTV 화질을 확인한다.

CCTV는 도난 등 사건 사고 방지를 위해 매우 중요하다. 그런데 설치된 지 너무 오래되어 화질이 좋지 않다면 전혀 도움이 되지 않는다. 요즘에는 KT, SKT, LG 등의 대기업에서 일정 기간 약정의 월정액으로 별도의 설치비 없이 설치해 주고 있다.

일곱째, 복도 벽을 잘 살펴봐야 한다.

벽의 일부가 혹시 부풀어 올라 있거나 페인트가 벗겨져 있는지 확인해야 한다. 이를 통해 각 방 화장실의 누수 여부를 짐작할 수 있다.

여덟째, 저녁 시간에 고시원 주변을 꼭 둘러본다.

매물 고시원을 낮에 방문했다면 별도로 저녁 시간에 고시원 주변을 봐야 소음 정도가 어떤지 알 수 있다. 주변 소음이 너무 심하면 입주민들의 수면을 방해할 수 있어 공실이 발생할 가능성이 높다.

시설 체크리스트
✓ 고시원 전체 환기가 잘 되는지
✓ 방에서 곰팡이 냄새나 불쾌한 냄새가 나는지(환기와 습기)
✓ 화장실 상태(고시원 관리의 정도를 알 수 있음)
✓ 에어컨 설치 시기 및 관리 상태(에어컨 세척 여부 확인)
✓ 보일러 설치 시기 및 관리 상태
✓ 세탁기, 냉장고, 건조기 등의 설치 시기 및 관리 상태
✓ CCTV 화질 상태
✓ 복도 등의 벽의 일부가 부풀어 올라 있는지, 페인트가 벗겨져 있는지(누수 여부)
✓ 주변 소음 확인(저녁에 고시원을 방문해볼 것)

PART
3

마케팅, 맡기지 말고 말아서 해라

: 고시원 高手의 100% 만실 노하우 1

맡기지 마라, 맡아서 해라

마케팅이란, 질 좋은 제품(고시원)을 소비자(예비 입주민)에게 알리는 것이다. 아무리 좋은 제품이 있더라도 이를 소비자에게 제대로 알리지 못하면 팔리지 않는다. 그래서 질 좋은 제품이 준비되었다면 이제 필요한 건 바로 **마케팅과 영업**이다.

홍보나 광고처럼 고시원을 예비 입주민들에게 알리는 것이 마케팅이라면 전화나 직접 방문을 통한 예비 입주민의 입실 문의에 대한 응대가 바로 영업이다. 영업에 대해서는 이어지는 파트에서 설명하겠다.

마케팅은 *상당 기간 꾸준하고 지속적인 노력이 필요*하다. 절대로 한 번에 되지 않는다. 고시원을 알릴 수 있는 광고나 홍보, 즉 마케팅 수단에 대해 살펴보고, 꾸준히 실행해 나가는 게 중요하다. 네이버 키워드 검색 광고(파워링크)와 같은 유료 광고도 필요하지만 돈 들이지 않고 할 수 있는 홍보는 무조건 하기를 권한다. 블로그, 홈페이지, 스마트 플레이스, 네이버 지도, 고방, 룸 앤 스페이스, 고시원 관련 카페에 고시원 홍보하기 등이 여기에 해당할 것이다.

우선 키워드 검색 광고(파워링크)에 대해 알아보자. 유료 광고 로 그 효과도 빠르게 나오는 편이다. 만약 예비 입주민이 오산시 에 있는 고시원을 알아보기 위해 검색 창에 '오산 고시원'이라고 입력하면 아래와 같이 첫 화면에 파워링크가 뜬다.

따라서 **예비 입주자에게 고시원 이름이 바로 노출될 수 있다 는 장점**이 있다. 해당 키워드에 대해 광고비를 높게 설정하면 상 위에 노출되고 낮게 설정하면 하위에 노출되는 원리이다. 필요 에 따라서 고시원 운영자가 키워드에 대한 광고비를 직접 증감 할 수 있어 비용도 적절히 조절할 수 있다.

키워드 검색 광고 등록을 하려면 다소 어렵고 복잡하게 느낄 수도 있어 대행사를 이용하기도 한다. 그러나 50대인 필자도 대 행사 쓰지 않고 직접 하고 있으니 조금만 노력하면 누구나 가능 하다고 생각한다.

N | 오산고시원   ▤ ▾ Q

동합 VIEW 이미지 지식iN 인플루언서 동영상 쇼핑 뉴스 어학사전 지도 · · ·

파워링크 '오산고시원' 관련 광고입니다. ⓘ   등록 안내

독립생활 방값 확인해보세요! · 독립생활 어를 출시 이벤트! · 고시원 어 · · ·
[광고] www.dokliplife.co.kr/ Ⓝ [로고]
고시원 구하는 비용 확 낮출 수 있는 독립생활 나에게 맞는 고시원 바로가기!

미니하우스 오산고시원
[광고] www.minihouseos.com/
2월오픈, 할인행사중, 무보증월옵션, 오산역 오산시청1분, 롯데마트1분, 주차가능
오시는길 · 개인시설 · 공동시설

오산 화성 교차로
[광고] oh.kcrbds.co.kr
국민생활정보지 교차로부동산 제공, 오산고시원정보 실사진청부, 매일매일 업데이트
지역 인지도 넘버원

오산미래부동산
blog.naver.com/lshsh0952
상가임대 원룸 1.5룸 투룸 아파트 전월세매매 매물다량보유 상담환영

오산고시원 리첸하우스오산시청
[광고] openhouseosancity.modoo.at/
오산시청 연근 중심상가에 위치, 올원룸형 고시원. 오산대, 롯데마트 인접

오산고시텔 오산고시원 오산시청고시원 오산시청고시원 오산역고시원

N | 동탄고시원   ▤ ▾ Q

동합 지도 VIEW 이미지 지식iN 인플루언서 동영상 쇼핑 뉴스 어학사전 · · ·

파워링크 '동탄고시원' 관련 광고입니다. ⓘ   등록 안내

지지원룸텔
[광고] jjjoneroomtel.gsplus.kr
풀옵션, 각방 디지털 도어록, 엘리베이터, 개별 WIFI
개인시설 · 공동시설 · 오시는길

쉐르빌고시텔
[광고] www.shervil.co.kr
동탄에 좋은 시설로 신규 오픈한 원룸텔입니다. 주차가능.

동탄고시원 하이빌
[광고] highsvill1400.modoo.at
동탄북광장 중심상가, 올원룸, 한림대병원 5분, 100메가 와이파이, 주차가능.

오픈하우스 동탄점
[광고] openhousedt.gsplus.kr/
센트럴파크, 풀옵션, 넓은방, 건조기, 에어컨, wifi, tv, 보안우수.

쿠팡 동탄고시원 · 로캣와우멤버 무제한 무료배송
[광고] www.coupang.com
동탄고시원 특가! 난방가전, 전기매트, 장판, 한 개만 사도 무료배송 로캣와우

키워드 검색 광고(파워링크)

02

룸 앤 스페이스(ROOM&SPACE)를 공략하라

최근에 고시원 방을 구하는 젊은 사람들은 룸 앤 스페이스 앱을 통해 고시원 또는 셰어하우스 등을 주로 찾는다. 고시원 운영자는 룸 앤 스페이스 파트너 전용 사이트에 가입하면 고시원 정보를 등록할 수 있고 빈방 등록을 통해 **네이버 부동산에도 고시원을 노출할 수 있어** 매우 유용하다. 그럼에도 **비용이 전혀 들지 않는다**는 것이 최대 장점이라 할 수 있다. 물론 3개월, 6개월 또는 연 단위 등의 유료 광고도 있다.

뿐만 아니라 '**고방**'이라는 사이트도 꽤 유용하다.

고시원 방을 구하려는 사람들이 고시원을 검색할 수 있는 사이트이다. 3개월, 6개월 또는 연 단위로 진행할 수 있고 비교적 저렴한 비용으로 고시원을 노출할 수 있다. 이 사이트도 고시원 정보를 등록해 놓을 수 있는데 역시 비용이 들지 않는다. 그럼에도 불구하고 등록해놓지 않는다면, 이는 고시원 영업에 대해 기초 공사도 하지 않겠다는 뜻과 같다.

Q.

고시원을 하기에 좋은 위치는 어디일까요?

A.

대부분의 고시원은 유동 인구가 많은 역세권에 많이 자리 잡고 있습니다. 이런 고시원들은 일반적으로 권리금도 높고 월 임대료도 높습니다. 권리금 회수 기간이 짧고 투자 금액 대비 수익률이 좋은 고시원이라면 그 고시원이 어디에 위치해 있든 문제가 되지 않습니다. 오히려 피해야 할 지역을 잘 체크할 필요가 있습니다.

03

마케팅 비용 제로, 블로그, 홈페이지, 플레이스, 지도

비용을 들이지 않고 운영자의 순수한 노력만으로도 고시원을 알릴 수 있다. 바로 블로그, 홈페이지, 플레이스, 지도 등이 바로 그것들이다. 이들은 모두 비용도 들지 않을 뿐 아니라 초보자도 콘텐츠를 쉽게 만들 수 있다는 장점이 있다.

특히 블로그에 **최근에 촬영한** 고시원 공용시설이나 방의 사진, 고시원의 새 소식 등 고시원을 소개하고 알리는 콘텐츠를 꾸준히 지속적으로 만들어 갈 것을 적극 권장한다.

필자의 블로그

플레이스

모두 홈페이지

고시원 자체 홈페이지를 갖추는 것도 좋지만 제작비용과 유지보수 비용이 들고 콘텐츠를 교체하거나 변경하려면 유지보수 업체에 일일이 요청해야 하는 불편함이 있다. 고시원 홍보를 위해 가장 좋은 수단은 운영자가 **직접 운영하는 블로그와 모두 홈페이지**라고 생각한다. 실제로 많은 사람들이 이를 통해 연락이 오기 때문이다.

어느 고시원 관련 카페의 설문 조사에 의하면, 고시원을 찾는 예비 입주민들이 방을 구할 때 가장 불만스러운 점은 인터넷에 올라온 고시원 정보와 사진 등이 실제로 가 보면 느낌이 완전히 다르다는 것이다. 실제로 고시원 홈페이지를 방문해 보면 과거 오픈 당시의 사진을 업데이트하지 않고 그대로 둔 채 운영되는 곳들이 대부분이다.

블로그는 예비 입주자들에게 도움이 될 수 있도록 최근에 촬영한 방 소개 동영상과 사진, 빈방 현황, 입주민들과 즐거운 에피소드 등의 내용을 **꾸준히 지속적으로 올리는 것이 중요**하다. 블로그는 일주일에 한 개를 포스팅하더라도 꾸준히 하는 것이 중요하다.

꾸준히 블로그를 통해서 고시원을 알리다 보면 놀라운 일이 벌어지기도 한다. 방도 보지 않고 계약이 이루지는 경험을 하게 되는 것이다. 필자는 지금도 전화로 계약이 된 첫 사례의 경험을 잊을 수 없다. 말로 표현할 수 없는 벅찬 감동이었다.

10년 전에 고시원 방을 구하던 사람들은 일단 여러 고시원에 전화를 걸어 빈방이 있는지, 입실료는 얼마인지 물어보고 방문해서 방을 보고 계약을 했다면, 요즘에는 고시원 홈페이지나 블로그 등을 통해 사전에 해당 고시원의 시설과 방 구조 등을 알아본 후에 입실 문의를 하는 경향이 있다. 따라서 블로그 등을 통해 꾸준히 고시원을 알리는 일은 이제 **선택이 아니라 필수**다.

04

사람을 당기는 응대 vs 밀어내는 응대

다수의 예비 입주민들에게 **고시원을 알리는 것이 마케팅**이라면 입실 문의를 해 온 예비 입주자에게 친절하게 고시원 시설과 방을 안내하고 주변 다른 고시원에 비해 좋은 점 등 예비 입주민이 궁금해할 것들을 설명해 주는 등 고객 응대를 통해 **입실 계약을 성사시키는 것이 바로 영업**이다.

나의 소중한 고객이라는 고객지향 마인드로 기존 입주민과 예비 입주민에게 진심으로 응대해야 감동을 줄 수 있다. 이는 기존 입주민의 퇴실 가능성을 낮추고 예비 입주민의 입실 가능성을 높여준다.

입실 문의는 많으나 고객 응대가 제대로 되지 않아 입실 계약이 잘 이루어지지 않는다면 참으로 난감한 상황이 아닐 수 없다. 영업, 즉 고객 응대는 매출과 직결되는 만큼 그 중요성을 아무리 강조해도 지나치지 않다.

고시원 방을 구하는 사람들, 즉 예비 입주민들은 고시원에 문의 전화를 먼저 한 후에 방문하는 것이 일반적이다. 간혹 예외적으로 사전에 전화 없이 바로 고시원을 방문하는 경우도 있지만 대부분 전화 통화를 통해 1차 응대를 하게 된다. 따라서 잠재고객과의 1차 접점인 전화응대가 잘 되어야 예비 입주민이 고시원을 방문하게 되고 **대면 응대를 할 수 있는 기회가 생기는 것**이다.

그만큼 **전화응대가 중요하다**는 것을 강조하고 싶다. 특히 고시원 관리자인 총무를 별도로 두고 운영하는 고시원은 전화응대에 세심한 주의가 필요하다. 아무래도 총무는 고시원 원장보다는 고시원에 대한 주인의식이 부족할 수밖에 없다.

고객 응대를 통해 잠재고객인 예비 입주민을 고시원으로 당겨야 함에도 밀어내는 경우도 드물지 않은 것 같다. 다음 사례를 한 번 살펴보자.

당기는 응대 vs 밀어내는 응대	
여보세요.	감사합니다. OO고시원입니다.
OO고시원 아닌가요?	혹시 빈방 있나요? 가격은 어떻게 되죠?
예, 맞는대요.	네 있습니다. 창문이 바깥으로 나 있는 외창방은 월 OO만 원이고 창문이 복도로 나 있는 내창방은 월 OO만 원입니다.
혹시 빈방 있나요? 가격은 어떻게 되죠?	알겠습니다. 방 보러 가고 싶은데 언제 가면 좋을까요?
빈방 있는데 내창방은 OO만 원이고 외창방은 OO만 원입니다.	오늘이라도 방문하실 수 있으면 오셔서 방을 한번 보시면 어떨까요?
알겠습니다. 방 보러 가고 싶은데 언제 가면 좋을까요?	제가 일을 마치고 가야 해서 저녁 7시쯤은 되어야 할 것 같은데요.
오후 3시까지 오시면 돼요. 그 시간 넘으면 총무에게 안내받으면 됩니다. 알겠습니다.	제가 특별한 일이 없으면 오후 2시 정도 퇴근입니다만 방 보러 오신다고 하면 제가 기다리고 있겠습니다.

여러분이 예비 입주민이라면 위의 두 고시원 중에 어느 쪽을 먼저 방문하겠는가?

전화응대 1의 문제점은 예비 입주민이 질문하고 운영자는 그에 대한 답변만 하고 있다는 점이다. 예비 입주민은 운영자가 전화응대를 귀찮아하는 듯 느낌을 받아 전화를 빨리 끊고 싶을 것이다. 이것은 사람을 밀어내는 응대다.

만약 가전제품을 구매하려고 매장에 갔다고 가정해 보자. 매장 영업사원이 무표정한 얼굴로 귀찮다는 듯이 고객이 묻는 것에만 답변한다면 여러분은 어떤 느낌을 받겠는가? 그 영업사원에게서 제품을 구매하고 싶은 마음이 들지 않을 것이다.

고객의 질문에 친절하게 답변도 해 주면서 고객이 궁금해할 사항들을 질문을 받기 전에 미리 차근차근 설명도 해 주는 영업사원에게 구매할 가능성이 높은 것은 너무도 당연한 일이다. 이것이 **사람을 당기는 응대**인 것이다.

일반 소비재 제품의 영업과 고시원 운영이 다르다고 착각하지 말자. 고시원 운영도 결국 영업이다. 잠재고객인 예비 입주민을 끌어당기는 전화응대로 고시원 방문 가능성을 높여야 입실 계약으로 이어질 가능성도 당연히 높아질 것이다. 따라서 잠재고객과의 1차 접점인 전화응대가 얼마나 중요한지를 반드시 기억해 두길 바란다.

특히 총무를 두고 있는 고시원의 운영자라면 **총무의 전화응대가 사람을 밀어내는 응대는 아닌지 반드시 체크**하기를 바란다. 고시원 창업 전에 수십 곳의 고시원을 탐방해 본 바, 이는 고시원 총무에 대한 필자의 편견만은 아님을 알 수 있었다.

전화만 해보면 전화 받는 사람이 원장인지 총무인지 금방 알 수 있다. 필자의 경험에 의하면 대부분 원장은 어떻게든 사람을 끌어당기는 응대를 하려고 노력했다. 반면 대부분 총무들은 그 반대였다.

또 고시원을 찾아온 예비 입주민과의 대면 응대 시에도 잠재 고객인 예비 입주민이 존중받고 있다는 느낌이 들 수 있도록 정중하게 응대하는 것이 매우 중요하다. 자신도 모르게 깔보듯 이야기를 하거나 감정적인 대응을 하진 않는지 주의하기 바란다.

영업사원들이 항상 정장을 입고 고객을 대하는 것도 고객을 정중하게 대하려는 태도다. 고객이 존중받고 있다는 느낌이 들도록 하기 위한 **가장 기본적인 비즈니스 매너**다. 필자가 창업 전 수십 곳의 고시원을 방문했을 때, 필자를 응대한 고시원 원장 또는 총무의 복장은 거의 90% 이상 무릎 나온 트레이닝 복 차림이었다.

집에서 손님을 맞이할 때 잠옷 복장으로 손님을 맞이하지는 않는다. 상대방에게 실례되지 않는 범위 내에서 옷차림을 갖추는 것도 중요하다. 필자도 고시원 방문 약속 시간이 되면 깔끔한 외출복 차림으로 갈아입고 예비 입주민을 응대하고 있다.

때론 사전 방문 약속 없이 찾아오는 방문객도 있는데 공교롭게도 청소하는 시간과 겹칠 때는 어쩔 수 없이 방문객에게 양해를 구하고 있다. .

05

잠재고객은 반드시 존재한다

필자에게 잠재고객이란, 필자가 운영하는 고시원에 한 번이라도 전화를 걸어 입실 문의를 한 사람을 의미한다. 통화가 끝나면 잠재고객 폴더에 전화번호를 저장하고 특이사항에 대해서도 간단히 메모도 해 둔다.

수신 번호로 미리 촬영해둔 고시원 명함, 약도 및 간단한 인사말을 보낸다. 여기에 고시원 홈페이지와 블로그 주소를 복사하여 보내는 것도 빼놓지 않고 있다. 잠재고객들에게는 가끔씩 업데이트한 고시원 소식을 보내기도 한다.

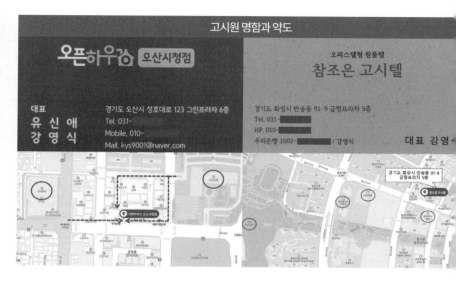

고시원 명함과 약도

이렇게 나름의 방식으로 잠재고객을 관리하면 어떤 점이 좋을까?

입실 문의를 했던 사람이 얼마 후에 다시 전화를 걸어왔을 때, 고시원 운영자는 스마트폰에 뜨는 발신자 정보를 통해 상대방을 알고 통화할 수 있으니 전화응대가 보다 수월해질 수 있다.

고시원 운영자가 본인을 기억해 주고 있다는 느낌을 받게 되면 당사자는 기분이 좋을 것이고 살짝 감동을 받을 수도 있다. 사람은 누구나 타인에게 기억되고 싶어 하는 욕구를 가지고 있지 않는가? 바로 이런 것이 사람을 당기는 응대다.

입실 문의를 했던 예비 입주민이 다시 문의 전화를 했을 때, 전에 전화했던 것을 알아차리고 전화 응대하는 고시원과 그렇지 않은 고시원 중 어느 고시원에 입실할 가능성이 높을지는 굳이 설명할 필요가 없을 것 같다.

잠재고객 관리를 위한 팁을 이야기하면, 가급적 **고시원 전용 핸드폰 사용을 추천**한다. 핸드폰 비용을 아끼려고 개인용 핸드폰을 사용하게 되면 생각지 않은 번거로운 일들이 발생할 수 있다. 예를 들어 걸려 오는 모든 전화를 받아야 한다. 입실 문의 전화인지 카드사 보험사 등의 마케팅 전화인지 등 구분을 할 수 없으니 말이다.

모르는 전화번호일 경우 무조건 '감사합니다 ○○ 고시원입니다' 라고 받을 수도 없는 노릇이다. 또 고시원 유선전화를 **고시원 전용 핸드폰으로의 착신 전환**은 필수이다. 상대방의 핸드폰 번호를 바로 알 수 있고 저장할 수 있기 때문이다.

영업에 있어 실제 고객으로 이어질 수 있는 잠재고객을 얼마나 확보하고 꾸준히 관리하고 있는가가 영업성과를 좌우한다 해도 과언이 아닐 것이다. 고시원 운영도 엄연한 영업이라는 것을 잊지 말기를 바란다.

Q.

고시원 매물을 볼 때 어떤 점들을 중점적으로 봐야 할까요?

A.

매물을 소개받고 방문하여 고시원 시설을 둘러보고 나와도, 머릿속에 남아 있는 것이 별로 없어 기억이 잘 나지 않습니다. 그렇다고 다시 들어가서 보고 오기도 불편하지요. 매물을 보러 가기 전, 체크리스트를 준비할 것을 추천합니다. 본인 나름의 체크리스트를 만들고 시설을 보면서 또는 고시원을 나온 후 바로 기록하기를 바랍니다.

高시원 高수익 100% 창업 성공 노하우

4. 고정비용 확인 및 기타 비용 예상

체크리스트를 통해 고시원 전반의 시설 상태를 확인해 보고 시설 상태가 괜찮다고 판단되었다면, 매월 고정비용을 확인해야 한다. 특히 임대료, 관리비(상하수도 포함), 전기요금, 가스요금, 인터넷 비용 등을 파악한다.

전기요금과 가스요금은 계절에 따라 변동 폭이 크므로 ***1년 치 요금을 확인해봐야*** 월평균 고정비용을 정확히 알 수 있다. 1년 치 확보가 어렵다면 최소한 6개월 치라도 보는 것이 좋다. 요즘은 인터넷으로도 쉽게 월별 전기요금과 가스요금 정보를 얻을 수 있다.

전기요금은 한전 사이버 지점에서 가스요금은 가스회사 홈페이지에서 납부내역을 조회할 수 있다. 보통은 매도자가 해당 정보를 중개사에게 전달하고 매수자는 중개사를 통해 이 정보를 제공받을 수 있다. 만약 매도자가 정보 제공을 꺼린다면 미심쩍은 면이 있을 수도 있다는 것이니 잘 판단하길 바란다.

고정비용 외에 쌀, 라면, 김치 등의 부식비용, 전화요금, 화재보험료, 정수기 렌탈료 등의 기타 비용도 있으니 일정 금액 예상하여 감안하면 된다. 무엇보다도 **고정비용 금액이 수익성에 절대적인 영향**을 주므로 고정비용 파악이 중요하다는 점 재차 강조한다.

PART
4

창업자의 서비스는
반드시 소문이 난다

: 高시원 高수의 100% 만실 노하우 2

경청(傾聽) : 몸을 기울여 듣다

고시원 운영에 있어 청결, 친절, 신속 이 세 가지는 아무리 강조해도 지나치지 않은 기본 중의 기본이다. 필자는 여기에 한 가지를 더하여 기본 4요소로 정의하고 있는데 바로 경청이다. 흔히들 소통이 중요하다고 말하는데 소통이 잘 되기 위한 기본 요소가 바로 경청이다.

경청을 잘하려면 상대방을 존중하는 마음이 바탕에 깔려 있어야 한다. 경청의 자세를 보이면 상대방이 바로 알아차린다. '이 사람이 지금 내 말을 귀담아들어 주고 있구나. 나를 존중해 주고 있구나'라고 말이다. 필자의 경험에 비추어 볼 때, **경청하는 것만으로도 불만 사항의 80% 이상은 이미 해결**된 것이나 다름없다.

청결

&

경청

친절   신속

고시원 운영의 기본 4요소

'해주세요' 말이 나오기 전에

대부분의 입주민은 입이 무겁다. 불편 사항 또는 불만 사항이 생기면 이를 즉시 운영자에게 이야기하는 경우도 있지만 대개는 그냥 참고 넘어가는 경우가 많은 듯하다. 이는 결코 바람직하지 않다.

운영자는 최대한 **입주민들의 이야기를 들을 수 있는 방법**을 고민해야 한다. 입주민들이 불편해 할 수도 있겠다 싶어 인사도 하지 않는 운영자도 있다고 한다. 그러나 필자는 출근해서 사무실에 있는 동안 입주민을 만나면 항상 웃는 얼굴로 인사하고 잘 지내고 계시는지, 불편한 점은 없는지를 물어본다.

이렇게 입주민들과 인사를 자주 하다 보면 금세 서로 간의 서먹함이 사라지고 편하게 이야기도 나눌 수 있게 된다. 그러면 마음속에 두었던 불편 사항이나 불만 사항도 자연스럽게 이야기할 수 있는 분위기가 만들어진다. 입주민은 그동안 마음속에 담아

놓았던 것을 이야기하니 속이 시원해지고 운영자인 필자는 고시원 운영에 나름 신경 쓰느라 노력했지만, 놓쳤던 것들을 알 수 있게 되니 서로에게 윈-윈이 아닐 수 없다.

예전에 방송에 나왔던 어느 식당 이야기인데 기억을 더듬어 소개해 보겠다. 이 식당은 맛집이라고 할 수 있을 정도는 아니지만 밑반찬은 정갈하고 화장실도 청결하고 일하시는 분들도 친절한 편이다. 이 정도 수준의 식당은 주변에서 흔히 찾아볼 수 있었다. 그런데도 이 식당에는 손님이 끊이질 않았다.

여러분은 그 비결이 무엇이라고 생각하는가? 방송 말미에 나오는 비결은 참으로 비결이라고까지 할 수도 없는 아주 작은 행동, 그러나 고객의 마음을 헤아리려는 세심한 배려의 행동 하나였다. 어떤 행동인지 상상이 되는가?

그 가게 홀 서빙 종업원들은 가만히 있지 않는다는 것이다. 음식을 손님에게 가져다주거나 식사를 마친 테이블을 치우고 정리하는 것 외에 하는 일이 한 가지 더 있었다. 계속 식당 안을 돌아다니면서 부족한 밑반찬을 채워주거나 물이 떨어졌으면 새로 물병을 가져다주거나 하여 식사를 하는 손님이 '여기 ○○ 좀 주세요'라는 소리가 그 식당에서는 나오지 않는 것이었다.

정말 별것 아닌 것처럼 보이지만 그 당시 필자는 상당히 신선한 충격을 받았다. 사람은 누구나 존중받고 인정받고 싶어 하는 욕구를 가지고 있다. **단순하면서도 작은 행동 하나**가 이를 충족시켜주고 있었던 것이다.

얼마나 쉽고 간단한가? 그러나 여전히 '여기 OO 좀 주세요'라고 외치는 손님들 목소리가 여기저기에서 나오는 식당들이 대부분이다. 자신이 운영하는 고시원 입주민들의 요청이 끊이지 않는다면 이는 운영자가 먼저 움직이지 않았을 경우가 대부분이다. 입주민들이 요청사항이 많다고 탓할 것이 아니라, 자신이 먼저 바라보지 못한 곳은 없는지 꼭 확인해보기를 바란다. 무엇보다 입주민들은 소중한 고객이라는 것을 절대 잊지 말자.

03

작은 관심이 불러오는 커다란 변화

불편 사항이 접수되면 신속하게 해결 방안을 찾고 이를 행동으로 옮겨야 함의 중요성은 이미 언급했다. 이에 더하여 조치 후에도 다시 한번 상황을 확인하는 문자를 보내는 것이 좋다. 운영자가 해당 입주민에게 지속적으로 관심을 두고 있음을 보여줄수 있기 때문이다.

아래 사례는 입주민과 필자가 나눈 문자 대화 내용이다.

전등이 나갔어요. 교체 좀 해주세요.
지금 바로 교체해 드리겠습니다.
그런데 제가 지금 회사여서요.
그럼 불편하지 않으시면 비번 알려주시면 제가 지금 교체해 드리고 아니면 언제 방에 계신지 알려주시면 그때 교체해 드릴게요.
비번 알려드릴게요.
전등 교체 완료했습니다.
(2~3일 후) 교체한 전등은 이상 없나요? 혹시 다른 불편 사항은 없으신가요?

며칠 후 교체한 전등은 이상 없는지 혹시 다른 불편 사항은 없는지 다시 문자를 보낸다. 물론 운영자로부터 문자를 받는 것을 귀찮아하는 입주민도 있겠으나 대부분은 '신경 써 줘서 고맙다'는 답신을 보내준다. 영업에 있어 친절이나 관심은 모자란 것보다 조금 넘치는 게 낫다.

관심을 보여주는 데 있어 가장 기본은 상대방의 이름을 기억하는 것이다. 비즈니스, 특히 영업에서의 기본이기도 하다. 여러분이라면 자신의 이름을 기억하는 영업사원과 그렇지 못한 영업사원, 누구와 거래하겠는가. 이름을 불러주는 작은 행동은 상대방으로 하여금 존중받고 관심받고 있다는 것을 느끼게 하여 나에게 우호적으로 다가오게 하는 큰 효과를 가져다준다.

필자도 고시원 창업 초기에는 여러 가지로 신경 써야 할 것들이 많아서 입주민 이름을 외우는 데 시간을 할애하지 못했다. 그러다가 어느 정도 고시원에서의 하루 일과가 자리 잡으면서 방 호수, 이름, 인상착의 등을 수시로 떠올려 기억하기 위해 노력했다.

역시 **가장 좋은 방법은 입주민들과 인사를 나누는 것**이었다. 운영 초기에는 얼굴이 마주쳐도 먼저 인사하는 입주민이 거의 없었다. 그러나 얼마의 시간이 지난 후에는 먼저 인사하는 입주민들도 꽤 많아졌다. 방 호수나 이름을 몰라서 그냥 '입주민님'이라고 부르거나 '○○호 입주민님'이라고 부르지 말고 '○○호 ○○○ 입주민님' 또는 '○○○ 입주민님'이라고 불러보자. 별것 아닌 것 같은 작은 실천이 큰 변화를 가져오는 경험을 하게 된다면, 고시원 성장에 탄력이 붙게 될 것은 당연한 일이다.

Q.

주변 다른 고시원과 차별화를 가지고 싶습니다.

마케팅 방향을 어떻게 잡으면 좋을까요?

A.

경쟁 상대인 주변 고시원들과의 차별화는 고시원의 마케팅에 있어서 매우 중요합니다. 이는 책상에 앉아 머리로만 풀 수 있는 과제가 아닙니다. 주변 고시원들을 직접 방문해 보세요. 방과 공용시설의 시설 상태, 청결 상태, 주변 환경, 운영자의 태도나 자세 등을 살펴보는 일이 선행되어야 합니다.

04

소프트웨어적 장점이 하드웨어적 단점을 극복한다

'하드웨어적'이란 말은 고시원의 시설 상태를 의미하고 '소프트웨어적'이란 말은 고시원의 운영적인 상태를 의미한다. 이 용어는 일반적으로 사용되는 말은 아니고 필자가 설명을 위한 만들어낸 말이다.

하드웨어적인 면에서 고시원을 차별화할 수도 있지만 주변의 다른 고시원에서 시설투자를 하여 리모델링을 하거나 각종 시설물이나 비품 등을 새것으로 교체한다면 하드웨어적 차별화는 곧 사라지게 된다.

반면, 고시원 운영자가 입주민을 소중한 가족처럼 생각하고 대하는 태도, 입주민의 쾌적한 생활을 위해 고시원을 항상 청결하게 유지 관리하는 일, 불편 사항은 즉시 해결하여 입주민의 불편을 최소화하려는 자세 등 소프트웨어적 장점이야말로 다른 고시원들과 차별화할 수 있다고 필자는 생각한다.

예를 들어 필자가 운영하는 고시원의 모든 방이 원룸형으로 구성되어 있는 것은 하드웨어적 장점이라 할 수 있겠으나 방마다 에어컨이 설치되어 있지 않고 중앙 냉방이라는 점은 하드웨어적 단점이 될 수 있다. 그럼에도 불구하고 필자의 고시원은 항상 만실을 유지하고 있다.

과연 이유가 무엇일까? 바로 **소프트웨어적 장점이 하드웨어적 단점을 극복했기 때문**이다. 필자는 입주민 누구나 볼 수 있는 현관 엘리베이터 옆의 벽에 에어컨 가동 시간을 적어 붙여 놓고 수시로 입주민들과 소통하면서 가동 시간을 조정하거나 늘리거나 한다.

고시원 운영자가 입주민들을 위해 세세한 면까지 늘 신경 쓰고 있다는 모습을 보여주는 것으로 하드웨어적 단점을 어느 정도 극복할 수 있으며 그 외 소프트웨어적 장점들로 입주민의 생활 만족도를 높여 준다면 하드웨어적 단점은 충분히 극복될 수 있다. 고시원 운영자가 입주민들을 위해 흘리는 땀은 신뢰라는 열매를 만들어 낸다는 것을 꼭 기억하기 바란다.

하드웨어적		소프트웨어적
• 방, 주방, 세탁실 등 리모델링 • 세탁기, 건조기, 에어컨 등 시설 교체		• 입주민을 소중한 가족 처럼 대하는 태도 • 입주민의 쾌적한 생활 을 위해 고시원을 항상 청결하게 유지 관리 • 불편 사항은 즉시 해결 하여 입주민의 불편을 최소화
단기적(일시적) 차별화 기능		궁극적 차별화 기능

高시원 高수익 100% 창업 성공 노하우

5. 입실료와 수익률을 꼼꼼히 확인하라

방 개수, 공실 수, 방당 평균 입실료에 대해 확인해보자.

월 비용을 파악했다면 다음은 매출을 확인해야 한다. 고시원의 매출을 결정짓는 요소는 방당 평균 입실료와 공실 수이다. 이 두 가지 데이터는 꼭 확인해야 한다.

매출 = **방당 평균 입실료** x **(방 개수-공실 수)**

모든 고시원은 입실 장부를 작성하기 마련이다. 입실 장부를 보면 현재의 매출 상황을 잘 알 수 있다. 만약 입실장부 공개를 꺼린다면 보수적으로 접근할 필요가 있다. 물론 입실 장부를 처음부터 보여주지는 않는다. 보통은 권리 양도 양수 계약을 맺을 때 볼 수 있다.

이 자리에서 입실 장부를 최종 확인하고 그동안 중개사를 통해서 전해 들었던 내용과 많이 달라 계약 체결이 꺼려진다면 계약을 하지 않으면 된다.

비용과 매출을 확인했다면 현재의 월 세전 수익과 가능한 최대 수익이 어느 정도일지 가늠할 수가 있다. 이들 수치가 **기대수익에 부합하는지 판단하고 나서 계약 여부를 결정**하면 된다. 여기서 기대수익률이 너무 높으면 좋은 매물임에도 놓치는 우를 범할 수 있다.

필자가 생각하는 연간 기대수익률은 25% 정도다. 요즘에는 30%를 넘는 매물은 거의 없다고 본다. 코로나 사태가 마무리되고 고시원 창업에 대한 관심이 높아지면서 권리금 시세도 예전에 비해 많이 올라와 있는 상황이다.

예를 들어 투자 금액(보증금 & 권리금)이 2억이고 수익성 검토를 해 보니 월 세전 수익이 400만 원이라면, 연간 기대 수익률은 (400만 원*12개월)/2억 = 24%로 계산된다. 2022년 11월 기준으로 이 정도 수익률이라면 적정한 매물이라고 본다. 만약 2억 투자해서 월 세전 수익 500만 원을 기대한다면, 연간 기대수익률이 30%로 계산된다. 과거에는 몰라도 최근에는 이런 매물은 거의 찾아보기 어렵다.

수익성 검토를 통해 역으로 매물의 가격도 검토해 볼 수 있다. 예를 들어 월 세전 수익이 600만 원인 매물이라면 연간 기대 수익률을 25%로 보면 매물의 가격은 (600만 원X12개월)/0.25 = 2억 8천 8백만 원이 나온다. 연간 기대 수익률을 30%로 보고 계산하면 2억 4천만 원이 나온다.

월 세전 수익		6,000,000
연간 세전 수익		72,000,000
예상 투자액	연간 수익률(25%)	288,000,000
	연간 수익률 (30%)	240,000,000

따라서 보증금과 권리금 합계인 투자 금액, 즉 매수가격이 2억 4천만 원에서 2억 8천 8백만 원 사이이면 적정가의 물건이라고 볼 수 있다. 이렇게 나름의 판단 기준을 가지고 있어야, 매물을 잘못 선택하는 실수의 가능성을 줄일 수 있다.

PART
5

고시원 운영,
기본만 알면 누구나 할 수 있다

: 高시원 高수의 100% 만실 노하우 3

01

내 집보다 청결하게

　고시원 운영에 있어 가장 기본 중의 기본은 청결이다. 필자의 경험상 고시원 방을 구하는 사람, 즉 예비 입주민이 입실 여부를 결정하는 여러 요소 중, ***가장 첫 번째로 보는 것은 청결 상태***이다. 고시원 입구 또는 현관에 들어선 후의 첫인상에 의해 입주 여부가 결정된다고 봐도 과언은 아니다.

　왠지 모를 불쾌한 냄새가 나거나 고시원 복도에는 머리카락과 먼지가 여기저기 날리고 있고 신발과 슬리퍼가 입구에 널브러져 있고 공용주방과 세탁실 등이 지저분하다면, 절대 계약하지 않을 것이다. 그리고 결국 청결하게 사용하지 않는 사람들만 모이게 될 것이다. 고시원 운영자라면 어떤 것과도 타협할 수 없는 절대 가치가 청결이라는 것을 절대 잊지 말기 바란다.

　청결은 만실 고시원이 되기 위한 ***절대적 필요 조건***이다. 충분조건이 아님을 강조한다. 고시원 원장 자신이 살고 싶을 정도로 청결해야 예비 입주민에게도 입실을 당당히 권할 수 있지 않겠는가. 아래는 필자가 운영하는 고시원의 모습이다.

복도   현관   주방

내창방   외창방   외창방(대)

재미있는 일화를 하나 소개해 보도록 하겠다. 친구와 같이 온 예비 입주민과 필자와의 대화다.

예비 입주민 : 여기가 A 고시원 맞나요?

필자 : 잘못 찾아오신 것 같네요. 여기는 B 고시원입니다.

예비 입주민 : A 고시원은 어디인지 아세요?

필자 : 저희 고시원 건물 맞은편에 있어요. 그런데 혹시 방 구하시는 중인가요?

예비 입주민 : 네, 방 보러 가는 중이었는데 잘못 찾아 온 것 같아요.

필자 : 마침 저희가 빈방이 하나 있는데 한 번 둘러보시고 가시면 어떨까요?

예비 입주민 친구 : 그래, 어차피 급한 거 아니니까 여기도 한번 보자.

(방을 둘러본 후)

필자 : 어떠세요?

예비 입주민 친구 : 야, 여기로 해라. 이렇게 깨끗한 곳 별로 없어. 내가 고시원 생활 좀 해 봐서 알아.

이 예비 입주민은 현재 필자가 운영하는 고시원의 입주민이 되어 있다.

Q.

입주민들도 만족하고 난방비도 적정하게 나오는 수준으로

가동하려면 어떻게 해야 할까요?

A.

시행착오를 겪으면서 최적의 가동 방법과 시간을 찾아내는 수밖에 없습니다. 가동 방법에는 보통 세 가지가 있습니다. 1) 실내 온도를 정해 놓고 가동하는 방법 2) 온돌 모드에서 난방 온도를 정해 놓고 가동하는 방법 3) 주기적으로 또는 시간대별로 예약해서 가동하는 방법 등입니다.

02

아무리 강조해도 지나치지 않는 그것

고시원 운영을 포함하여 모든 자영업은 결국 영업을 해야 한다. 영업의 기본은 고객 응대이고 고객 응대의 기본은 친절과 매너, 경청 등이라 할 수 있다. 고시원의 고객은 누구인가? 바로 입주민이다. 예비 입주민은 잠재 고객에 해당한다. 이렇게 이해하면 기존 입주민이나 예비 입주민에게 어떻게 응대해야 할지 저절로 답이 나온다.

항상 밝은 표정과 목소리로 인사하고 소통하고 불편 사항은 경청하는 매너로 입주민을 응대한다면 입주민은 운영자를 더욱 신뢰하게 될 것이다. 지속적으로 신뢰가 쌓이면, 이직이나 근무지 변경 등의 특별한 경우가 아니라면, 입주민이 굳이 다른 고시원을 찾아 떠나는 불편함을 감수할 이유가 없어지게 될 것이다.

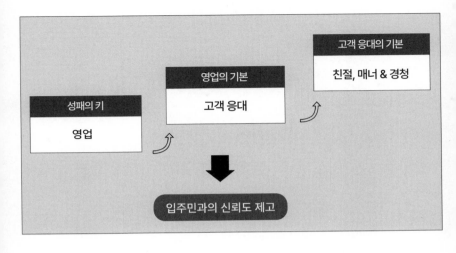

만약 우리가 어떤 제품을 구매한 후, 불편 사항이 발생하여 고객센터에 연락을 했는데 고객의 말을 경청하지 않는다거나 형식적으로 응대하고 있다거나 하는 느낌을 받는다면 당연히 기분이 상하고 심하면 화가 나기도 할 것이다. 이런 경험을 해 본 사람이라면 이후에 그 기업에서 만든 제품을 결코 다시 구매하고 싶지 않을 것이다.

여기서 끝이 아니다. 다른 사람들에게도 이 기업에 대해 부정적으로 이야기할 것이 당연히 예상되므로 그 기업은 한 사람이 아니라 수십, 수백 명의 고객을 잃는 셈이 되는 것이다.

필자는 **불편 사항이 접수되면 신속하게 해결책을 찾고 실행하**

는 것을 고시원의 주요 운영 방침으로 정해 놓고 실천해 가고 있다. 운영자의 입장에서 보았을 때 사소해 보이는 것도 입주민의 입장에서는 매우 중요할 수 있다는 점을 간과해선 안 된다. 즉시 해결할 수 있는 불편 사항은 미루지 않고 바로 해결하고 시간이 걸리는 사항은 완료 예정일만 알려주는 것이 아니라 중간마다 진행 상황을 알려주어 기다리는 답답함을 덜어주고 있다.

또 해결책을 찾기 어려운 불편 사항이라도 해결하기 어렵다고 단정적으로 이야기하지 않는다. 상대방 이야기에 충분히 경청 후 공감해 주고 해결책을 여러모로 찾아보도록 하겠다고 이야기한다. 입주민의 이야기를 **경청하고 공감해 주는 것만으로도** 불편 사항을 제기한 입주민의 **불만을 80% 정도 해소할 수 있다**고 생각하기 때문이다. 실제로 해결되기 어려운 문제라도 해결하려고 노력하는 운영자의 태도와 모습에서 입주민은 만족해하거나 고마워하는 것을 수없이 보아왔다.

사람은 누구나 존중받고 싶어 한다. 그렇다면 자신이 존중받고 있다는 것을 언제 느낄 수 있을까? 아마도 상대방이 자신의 얘기를 경청하고 있다고 느낄 때, 또 상대방이 매너 있고 정중한 표현으로 자신을 대할 때 존중받고 있다고 느낄 것이다.

반대로 불편 사항이나 민원을 제기한 입주민이 고시원 운영자와의 소통 과정에서 불쾌함을 느끼거나 무시당한다는 느낌을 받게 되면 이후로는 입을 열지 않는다. 물론 참고 지내는 사람도 있을 수 있지만 대부분은 다른 고시원을 찾아 떠날 뿐이다. 친절한 서비스, 경청, 존중의 태도는 아무리 강조해도 지나치지 않는 서비스의 기본이자, 만실 운영의 필수요소다.

03

입주민 입장에서의 다급하고 중대한 문제

몇 가지 민원 사례를 소개해 보려 한다. 아래와 같은 대처 방법이 꼭 정답이라고는 할 수 없으나 필자의 경험 상 이와 같은 사례는 수많은 고시원에서 일어나고 있고, 아래와 같이 대처했을 때 조금의 충돌 없이 모든 문제가 원만히 해결되었다.

새벽 시간에만 온수가 안 나와요
가끔 새벽 5시에 출근하는데 그 시간에만 온수가 나오지 않아요.
아, 그러셨군요 불편 드려 죄송합니다. 보일러를 점검해 보도록 하겠습니다. 새벽 시간 외에도 온수가 안 나오나요?
새벽에만 안 나옵니다. 5시 30분쯤.
보일러는 교체한 지 얼마 안 되어 문제없어 보입니다만 제가 직접 상황을 봐야 할 것 같습니다. 새벽에 출근하시는 날을 알려주시면 제가 그 시간에 직접 방으로 가서 확인해 보겠습니다.
다음 주 월요일에 새벽 출근입니다.
그럼 다음 주 월요일 새벽 5시 30분에 찾아뵙겠습니다.

사실 입주민의 불편 사항 내용을 보면 전화로도 충분히 해결할 수 있는 문제였다. 그러나 필자는 전화로 설명하는 것 보다는 다소의 불편함을 감수하고 직접 새벽에 찾아가는 방법을 택했다. 왜일까? 상대방이 존중받고 있다는 느낌을 전달하기 위해서는 나 자신을 낮추어야 하고 그러기 위해서는 때론 다소의 불편함도 감수해야 하기 때문이다. 이와 같은 '존중'을 받은 입주민은 퇴실 후 또다시 숙소가 필요한 때에도 필자의 고시원을 다시 찾아와 계약을 했다.

　참고로 위의 문제를 해결한 방법을 덧붙여 소개하자면, 세면대 아래쪽에는 온수와 냉수 밸브가 따로 있다. 온수 밸브가 거의 닫혀 있어 발생한 문제였다. 온수 밸브를 조금 열어주니 문제가 말끔히 해결되었다. 사실, 고시원 운영자의 입장에서는 문제라고까지 할 수 없는 일이었다. 하지만 입주민 입장에서는 다급하고 중대한 문제였다는 점이 필자가 말하고자 하는 핵심이다.

건조기가 고장 났어요

건조기가 고장 나 바로 A/S를 접수했으나 일주일 후인 OO월 OO일에 방문 가능하다고 합니다. 불편을 드리게 되어 죄송합니다. 일단 고시원에 보관 중인 건조대 몇 개를 세탁실에 놓아둘 테니 필요하신 입주민께서는 사용하시고 원래 장소에 가져다 놓으시면 되겠습니다.

OO월 OO일 오늘 A/S가 방문했으나 필요 부품 조달 문제로 2~3일 후 재방문하기로 했습니다. 조금만 더 기다려주시면 감사하겠습니다. 불편을 드려 다시 한번 죄송하다는 말씀드립니다.

건조기 고장 사례. 전자제품 고장의 경우 신속한 조치가 불가능한 때가 있다. 이와 같은 경우에는 *A/S일정 및 수리 완료 시기를 미리 알려주어* 입주민들의 답답함을 덜어주는 것이 최선의 배려다. 버스 정류장에 노선버스별로 도착 예정 시간이 표시되어 옛날처럼 무작정 버스를 기다리는 지루함과 짜증이 사라진 것과 같은 이치라 할 수 있겠다.

화장실 배수구가 막혔어요
며칠 전부터 화장실 배수가 잘 안 돼요. 물 빠짐이 너무 느려요.
원장님 옆 방 비어 있는 것 같은데 그 방으로 이동하면 안 될까요?
배수구는 제가 직접 가서 확인해 봐야 할 것 같습니다. 옆방으로 이동해 드리고는 싶지만, 며칠 전 예약이 되어 곧 다른 분이 입주하십니다.

　배수가 잘 안되니 비어 있는 다른 방으로 옮겨도 되냐는 질문에는 운영자의 지혜가 필요하다. 사실 이 사례는 배수가 문제가 아니라, 이런저런 핑계로 방을 여러 번 옮기려던 입주민의 사례다. 이에 대해서는 지혜롭게 대처하면 서로 얼굴 붉힐 일을 미리 막을 수 있다.

　위 사례의 경우, 필자는 해당 화장실의 배수구를 열고, 쌓여 있던 석회질을 깔끔히 제거해서 좀 더 원활히 배수가 되도록 조치해주었다. 더하여 나중에 또 이런 현상이 생기면 어떻게 하면 되는지에 대한 요령도 덧붙여 주었다. 실제로 이후에는 방을 옮기고 싶다는 말을 더 이상 하지 않았다. 신속한 해결과 친절한 설명에 고마워하지 않을 사람은 없다.

Q.

고시원 인수 후 입주민들에게 어떻게 인사하면 좋을까요?

A.

고시원 입주민들을 직접 만나 인사하면 좋겠으나 현실적으로 어렵습니다. 그래서 보통 수건이나 머그잔 등 간단한 선물과 인사말을 적은 편지 그리고 명함을 봉투에 같이 넣어서 문에 걸어둡니다. 그리고 문자로 간단한 인사말과 함께 입실료 결제 계좌번호를 알려주면 됩니다.

04

장사꾼이 아닌 1인 기업으로 거듭나기 위해

고시원뿐만 아니라 편의점, 커피숍, 식당 등 모두 자영업이다. 보통 장사라고 말한다. 하지만 필자는 고시원을 장사의 개념이 아닌 기업의 개념으로 바라보고 있다. 컨설팅을 할 때마다 예비 창업자들에게도 똑같은 이야기를 건넨다. 꿈은 크게 꿀수록 좋다. 단순히 돈만 좇는 장사꾼이 아니라 하나의 **작은 기업을 운영한다는 비즈니스 개념으로 접근해야** 고시원의 운영 또한 달라진다.

아래는 필자가 운영하는 고시원의 운영 철학과 운영 방침이다. 고시원 하나 운영하는데 이렇게까지 할 필요가 있을까라고 생각할 수도 있다. 그러나 개인이든 기업이든 비전과 목표를 글로 적어 놓는 경우와 그렇지 않은 경우 시간이 흐른 뒤 전혀 다른 성과를 보여준다는 것은 익히 알려져 있는 사실이다.

필자는 고시원을 운영하기 전부터 아래의 운영 철학과 운영 방침을 만들어 놓았다. 지금까지도 고시원을 운영하면서 철저히 지켜나가고 있다. 열심히 부지런히 성실히 고시원을 운영하는 것도 좋지만, **나름의 운영 철학과 운영 방침**을 세우고 **일관되게 운영**한다면 입주민들의 만족도는 높아질 것이고 만실 고시원이 되는 것은 너무도 당연한 결과라 할 것이다.

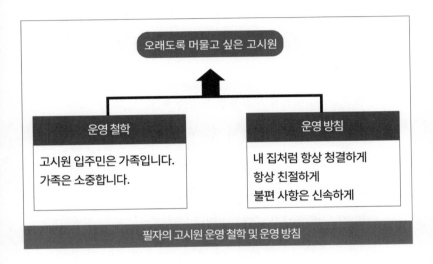

오래도록 머물고 싶은 고시원

운영 철학	운영 방침
고시원 입주민은 가족입니다. 가족은 소중합니다.	내 집처럼 항상 청결하게 항상 친절하게 불편 사항은 신속하게

필자의 고시원 운영 철학 및 운영 방침

'입주민 입장에서 생각하자'라는 철칙은 필자에게 가장 우선시되는 철학이자 방침이다. 다만, 고시원은 다수의 사람들이 사용하는 곳이다 보니 극히 일부이지만 불량 입주민이 있기 마련이다. 이는 고시원뿐만 아니라 학교, 회사, 동아리 등 다수가 모이는 집단이라면 예외는 없을 것이다. 선의의 입주민들은 일부 불량 입주민이 문제를 일으키면 고시원 운영자가 신속히 처리해 주기를 바란다.

따라서 불량 입주민이 민원을 발생시키면 퇴실 조치까지 포함하여 신속하고도 단호히 대처해야 한다. 그렇지 않으면 선의의 입주민들이 고시원을 떠나게 된다. 필자가 겪은 몇 가지 사례를 들어보겠다.

2021년 6월, 필자가 고시원을 창업한 후 얼마 지나지 않았을 때였다. 몇몇 입주민들로부터 새벽에 방으로 담배 냄새가 들어온다는 민원을 접수했다. 필자가 운영하는 고시원은 방 천장의 환기구가 모두 연결되어 있는 구조이다.

따라서 담배 냄새가 난다고 민원을 제기한 입주민의 옆방 입주민을 담배 냄새 원인 제공자로 보는 것은 큰 오판이 될 수 있다. 민원을 제기한 입주민들도 각기 방들이 서로 떨어져 있는 상황이었다. 신속히 해결하고 싶어도 해결책을 찾기 참으로 난감한 대표적인 문제이다.

그렇다고 우물쭈물해서는 안 된다. 어찌 됐든 신속하게 대응책을 마련하고 행동으로 옮겨야 한다. 선의의 입주민들이 고시원 운영자가 얼마나 심각하게 그들의 민원을 받아들이고 있는

지, 문제를 해결하기 위해 최선을 다해 노력하는지 등을 바라보고 있기 때문이다.

필자는 먼저 단체 안내 문자를 매우 정중하게 보내되 같은 민원이 또 발생하면 퇴실 조치와 같이 단호히 대처할 수밖에 없다는 경고성 메시지도 덧붙였다.

• 안내 문자 사례 1 •

안녕하세요. 고시원 가족 분들께 보내는 단체 안내 문자입니다. (중략) 이번 안내 공지 이후에도 방에서 담배 냄새가 나는 경우, 시간에 상관없이 즉시 저에게 연락 주시기 바랍니다. 연락받는 즉시 주변 방들을 점검하겠습니다. 오늘부터 제가 고시원에 대기하고 있을 예정입니다.

필자는 실제로 며칠간 고시원에 머물렀다. 하루가 지난 후 몇몇 입주민들에게 확인해 보니 어제는 담배 냄새가 나지 않았다는 피드백을 받았다. 혹시나 싶어 하루 더 머물렀고 다행히도 이후 같은 민원은 들어오지 않았다.

만약 필자가 형식적으로 단체 안내 문자를 보내고 같은 민원이 발생했을 때, 민원을 제기한 선의의 입주민들에게 "단체 문자를 보냈는데도 또 이러니… 일일이 방을 모두 점검할 수도 없고 다시 한번 단체 문자를 보내겠습니다."라고 대응했더라면 그들은 필자의 대응 자세에 분명히 큰 실망을 했을 것이다. 이런 대응 방식은 고시원 운영자가 단체 문자를 보내는 것 외에 해결 방법이 없고 그저 형식적으로 민원에 대응하고 있다는 느낌만 줄 뿐이다.

이처럼 운영자가 고시원에 머무는 시간에는 입주민들도 고시원 규칙을 제대로 준수하는 편이다. 그러나 아무래도 관리 감독역할을 하는 운영자가 퇴근한 이후에는 다소 느슨해지는 것은 어쩔 수 없는 일이었다. 필자가 운영하는 고시원도 필자가 퇴근한 이후 비상계단에서 담배를 피우는 일부 입주민들이 있는 것같았다. 일부 입주민들이 저녁에 복도에서 담배 냄새가 날 때가 있다고 민원을 제기했다. 마찬가지로 즉시 단체 안내 문자를 보내면서 경고성 메시지를 덧붙이는 것도 잊지 않았다.

• 안내 문자 사례 2 •

안녕하세요. 고시원 가족분들께 보내는 단체 안내 문자입니다. (중략) 이미 여러 차례 말씀드린 바와 같이 고시원은 여러 입주민들이 함께 생활하는 공간입니다. 따라서 서로에 대한 배려가 무엇보다 필요합니다. 무심코 하는 나의 행동이 타인에게 피해를 줄 수 있다는 점을 양지하여 주시면 감사하겠습니다. 오늘 이후 같은 민원이 발생하면 그때는 어쩔 수 없이 제가 CCTV를 통해 흡연자를 찾아낼 수밖에 없고 해당 입주민은 입주계약서 '4조 5항 공동생활을 위한 관리인의 타당한 경고를 임의로 거부한 경우'에 해당됨을 알려드립니다.

입주계약서 4조는 직권 퇴실에 해당하는 경우를 말하고 있다. 다행히도 이후 같은 민원은 발생하지 않았다. 그리고, 필자는 문자만 보낸 것이 아니라 매일매일 비상계단을 빗자루로 깨끗이 쓸었다. 비상계단 청소는 상가 공동구역이라서 상가 청소 아주머니의 몫이지만 필자는 초벌 청소를 마다하지 않았다.

그곳에서 흡연하던 입주민이 필자가 매일매일 계단 청소하는 모습을 보았을 수도 있고 계단이 예전보다 깨끗해지다 보니 아무래도 계단에서 흡연하는 것이 좀 부담스러워졌을 것이다. 그게 인지상정 아닐까?

더 나아가 화질이 좋지 않던 기존 CCTV를 새로이 교체했고 집에서도 노트북 PC나 스마트폰으로 고시원 공용시설을 볼 수 있어 너무도 편리했다. CCTV 교체에 대한 안내 공지를 입주민들에게 보냈고 그 이후 비상계단이 너무도 깨끗해졌다. 고시원에서의 도난, 분실 등의 사건 사고를 예방하기 위함이 CCTV의 본연의 목적이지만 이처럼 부수적인 효과도 있다.

또한 고시원의 일상 민원 중에서 옆방에서 문을 너무 세게 닫는다고 하는 민원이 다음으로 많다.

고시원 구조상 방문이 서로 가까이 붙어 있어 주의해서 문을 열고 닫더라도 문소리가 들리기 마련이다. 그런데 일부 입주민들의 부주의로 스트레스를 받는 선의의 입주민들은 어느 정도까지 참고 견디다가 마침내는 운영자에게 해결을 요구하게 된다.

부주의라 표현했지만, 사실은 고의가 아니라 단지 습관에서 비롯된 것으로 보는 것이 맞을 것이다. 이런 민원을 접수했을 때도 문제를 해결하기 위해 매우 신속히 행동하는 모습을 보여주는 것이 좋다. 운영자 입장에서는 대수롭지 않은 사소한 문제로 생각할 수 있으나 민원을 제기한 입주민에게는 결코 사소한 문제가 아니다. 온전하게 휴식을 취하고 싶은데 방해를 받고 있기 때문이다.

따라서 운영자는 **절대 대수롭지 않은 일처럼 대응해서는 안**

된다. 또 민원의 원인이 된 입주민을 찾아가 최대한 정중하게, 조심스럽게 상황 설명을 하는 것도 매우 중요하다. 고의가 아닌 이상 본인이 타인에게 뭔가 피해를 주고 있었다는 사실을 인식하지 못하고 있을 수도 있다. 그 때문에 상황 설명을 듣고 당황해하거나 지적을 받는다고 생각하여 자존심이 상할 수도 있다.

위 사례들에서 알 수 있듯이 불편 사항 또는 민원을 제기하는 입주민의 이야기를 경청하는 것이 우선이다. 그다음, 문제해결을 위해 신속히 행동으로 옮겨야 한다. 고시원 운영자의 이런 자세와 행동은 입주민으로 하여금 자신이 존중받고 있음을 느끼게 하기 때문이다. 경청하고 문제해결을 위해 신속히 행동한다면 비록 만족스러운 결과가 나오지 않더라도 운영자를 비난하지 않을 것이다. 오히려 문제해결을 위해 애쓴 운영자에 대한 신뢰가 더 높아지지 않을까?

Q.

세무사 도움 없이 세금신고할 수 있나요?

아니면 세무사 도움을 받아야 하나요?

A.

고시원과 관련된 세금의 종류는 크게 2가지로 보면 됩니다. 일년에 두 번(7월과 1월) 신고하는 부가가치세, 매년 5월에 신고하는 종합소득세입니다. 세금 신고를 매우 어렵게 생각하여 세무사 도움을 받는 분들도 계시는데 실제로 홈텍스에 들어가서 큰 어려움 없이 직접 세금 신고를 할 수 있습니다.

나는 건물 없이도 월세 받는다

절실하게 그리고 치열하게

현재 운영 중인 고시원을 인수받기 전까지 7~8개월의 사전 준비 기간이 있었다. 고시원은 여러 사람이 함께 생활하는 다중생활시설이기 때문에 법적 규제가 많다. 따라서 기본적인 부동산 공법(건축법, 주택법 등)도 알아둘 필요가 있었다.

처음에는 책이나 유튜브 등을 통해 고시원에 대한 이해도 높였다. 고시원 창업을 준비하는 사람이면 누구나 공감하는 부분일 테지만, 고시원 매매 시장이 워낙 특수한 부동산 시장이기에 좋은 매물의 고시원을 고르기가 매우 어렵기 때문이다.

인수하고 나서 보니 시설이 노후화 되어 있어 교체해야 하거나 인수하기 전과 달리 공실이 더 많다거나 방 당 입실료도 낮거나 하는 등 예상하지 못한 일들이 벌어지는 경우도 흔하다. 이런 것들을 권리금에 반영했어야 하는데 그렇지 못하다면, 금전적 손실을 보게 되고, 이에 따른 정신적 스트레스도 상당할 수밖에 없다.

고시원은 투자수익률이 상당히 높은 편이다. 보통 연수익률이 25% 정도가 된다. 단지 이 수치에만 현혹되어 창업에 뛰어든다면 낭패를 볼 수도 있으니 사전 준비에 많은 시간을 할애하기를 바란다.

고시원을 처음 운영하려는 사람이라면 믿을 만한 중개사나 컨설턴트를 찾아 도움을 받는 것을 적극 추천한다. 잘못된 물건을 인수하여 금전적 손실과 정신적 피해를 당하는 것보다 컨설팅 비용을 지불하고 적정한 물건을 소개받는 것이 오히려 리스크를 최소화하는 방법일 수 있다.

성공적인 고시원 창업을 위해서는 사전준비도 철저히 해야겠지만 역시나 고시원을 어떻게 운영할 것인지에 대한 운영자의 생각과 자세가 가장 중요하다고 생각한다. 앞서도 이야기했지만 땀을 흘려야 한다. 땀은 결코 배신하지 않는다.

고시원 운영도 일반 비즈니스와 다를 바 없다. 절실하고 치열한 마음의 준비와 자세를 갖추지 않은 채, '이 정도면 되겠지' 하는 안이한 생각으로는 결코 성공하기 어렵다는 것을 잊으면 안 된다.

강력한 멘탈은 필수

세상 모든 일에는 잘 될 때가 있으면 안 될 때도 있기 마련이다. 특히 일이 잘 풀리지 않을 때 버티어 낼 수 있는 불굴의 멘탈이 필요하다. 공실이 늘어날 때, 공실이 잘 채워지지 않을 때, 시설 수리나 교체 등 예상하지 않았던 비용이 발생할 때, 불량 입주민이 거주하는 경우 등 고시원 운영자를 심적으로 지치게 하는 일들은 분명 존재한다.

그러나 고시원을 운영하다 보면 마주칠 수밖에 없는 일들이기 때문에 버티고 견디어 내는 힘이 필요하다. 어려움을 잘 넘겨야 좋은 일도 따라오는 법이다. 필자도 고시원을 인수한 지 며칠 지나지 않았는데 배수구 문제가 발생했다. 고시원 같은 경우 배수관이 많아서 어디서 막혔는지를 찾아내는 것이 결코 쉬운 일이 아니다. 전문가에게 맡기는 수밖에 없다.

비용은 감수해야 한다. 이런 예상치 못한 비용만큼 그달의 수익은 줄어들게 되니 심적으로 타격을 받지 않을 수 없다. 그러나 한 번 배수구 청소를 해 놓으면 앞으로 몇 년간은 이런 문제로 스트레스받을 일이 없어지기 때문에 미래를 위한 투자로 생각한다면 마음이 조금은 가벼워질 수 있다.

강력한 멘탈을 만드는 데에는 역시 긍정적인 사고를 하기 위한 노력이 무엇보다 필요하다. 고진감래라고 하지 않던가? 힘들고 고된 상황을 잘 극복해야 달콤한 결과 또한 누릴 수 있다고 생각한다. 또 그 과정에서 내공이 깊어지고 정신력 또한 강해지는 법이다.

고시원을 행복한 일터로 만들어라

23년간의 직장생활을 정리하고 인생 2막을 준비하는 과정에서 고시원 창업을 결정했다. 처음 접하는 일이다 보니 힘든 과정도 있었지만 늘 즐겁고 행복해하려고 노력했고, 얼마의 시간이 흐른 뒤부터 필자가 이 일을 즐기고 있다는 것을 깨닫게 되었다.

고시원에서의 반복되는 일과가 지루할 법도 하지만 필자는 너무나 즐겁고 행복하게 이 일을 해 나아가고 있다. 퇴실한 방의 구석구석을 꼼꼼히 청소하면서 점점 새 방처럼 깨끗하게 변해가는 모습을 보는 즐거움은 모든 수고를 덮고도 남는다.

게다가 필자의 성공 사례를 보고 컨설팅을 요청하는 예비 창업자들의 상담 요청에 하루가 짧을 때가 많으니, 이렇게 감사한 인생 2막을 맞이할 수 있게 되어 진심으로 행복하다.

고시원 입주민들에게, 컨설팅을 하는 사람들에게, 늘 밝은 표정과 인사로 마주하며 하루를 열어간다. 필자에게 고시원 창업은 너무도 소중하고 감사한 계기이자 행복한 터전의 기반이 되었다. 이 책의 독자들이, 예비 창업자들 역시, 고시원을 행복한 일터로 여기는 사람들이 되어 원하는 인생 2막을 즐겁게 열어가기를 진심으로 바란다. 단순한 투자를 넘어, 인생 2막의 투자가 그야말로 대박이 나기를 바라며 긴 글을 맺는다.

특별부록

고시원 창업
그리고 운영에 대한 모든 것

Q. 1

고시원 창업 절차가 궁금합니다

고시원 시장에 대해 충분히 이해가 되었다면, 먼저 중개사를 통해 매물을 소개받습니다. 매물이 마음에 들어 인수를 하고자 한다면 양도인(기존 임차인)과 양수인(새로운 임차인) 간에 권리양도양수계약을 맺습니다. 양수인은 관할 소방서를 방문하여 안전시설 등 완비증명서(구 소방 필증) 재발급 신청을 합니다. 이때 권리양도양수계약서를 재발급 신청서와 함께 제출합니다. 안전시설 등 완비증명서 재발급이 되면 날짜를 정해 임대인과 부동산 임대차계약을 맺으면 모든 절차는 종료됩니다.

여기서 중요한 것은 **안전시설 등 완비증명서 재발급**입니다. 소방서에서 직접 고시원에 나와 소방시설을 점검하여 이상 유무를 확인한 후 문제가 없으면 재발급 해 줍니다. 일부 경미한 지적사항은 개선하면 재발급에 문제가 없지만 재발급이 어려울 정도의 중대한 미비 사항이 있다면 계약이 불발되는 경우도 있습니다. 최근에는 지역에 따라서 안전시설 등 완비증명서 재발급 신청 서류에 부동산 임대차계약서를 요구하는 경우도 있습니다. 중개사의 안내에 따라 진행하면 재발급에는 큰 문제는 없습니다.

Q. 2
주변에서 미니룸 고시원 대신 원룸형 고시원으로
시작하라고 합니다. 그 이유가 궁금합니다.

고시원은 3가지 종류로 구분됩니다. 방에 화장실과 샤워 시설이 없는 미니룸, 화장실은 없고 샤워 시설만 갖추어져 있는 샤워룸, 화장실과 샤워 시설을 모두 갖춘 원룸이 있습니다. 보통 입실료는 미니룸, 샤워룸, 원룸 순으로 높아집니다. 보통 경제적으로 가장 어려운 사람들이 미니룸을 찾습니다. 미니룸이 입실료가 적기에 수익성은 좋으나 운영적인 부분에서 어려움을 겪을 수 있습니다. 특히 처음 고시원을 창업하는 사람이라면 모든 방이 원룸인 올 원룸형이 운영이나 관리에 있어 보다 수월할 것입니다.

20~40대 젊은 층이 주로 원룸형 고시원을 찾습니다. **업력과 내공이 쌓인 후** 미니룸이나 혼합형(미니룸 & 샤워룸 또는 미니룸 & 원룸 등)에 도전해 보는 것을 권해 드립니다. 앞서 말한 대로 수익성은 원룸, 샤워룸, 미니룸 순으로 높아집니다. 즉, 원룸형은 상

대적으로 운영과 관리가 수월하지만, 수익성이 상대적으로 떨어집니다. 반면 미니룸은 그 반대입니다.

	미니룸	샤워룸	원룸
입실료	하	중	상
운영, 관리의 난이도	상	중	상
수익성	상	중	상

Q. 3

여러 매물을 보았는데 대부분 지어진 지 10년 이상 된 것들이어서 예상하지 못한 수리비나 시설 교체비 등이 발생할 수 있어 걱정됩니다. 아예 신축을 하면 어떨까요? 입실료도 높게 받을 수 있고 신축이니만큼 빠른 시간 내에 만실을 만들 수 있지 않을까요?

먼저 창업 방법에 대해 4가지로 나눠 설명드리겠습니다.

첫째, *내 건물에 고시원을 신축*하는 방법입니다. 2009년 7월 개정된 건축법 시행령에 따르면 고시원은 제2종 근린생활시설에 속합니다. 건물 용도가 제2종 근린생활시설에 해당한다면 내가 직접 내 건물에 고시원을 신축하면 됩니다. 전기, 수도, 가스 등의 운영비용만 부담하면 되니 상당히 높은 수익을 기대할 수 있습니다. 다만 2020년부터 개정된 건축법 시행령에 따라 '최소 실면적'을 지켜야 하고 '창문 설치'도 의무화되었습니다. 서울에서 고시원을 신축한다면 같은 바닥 면적에서 과거에는 36개 정도의 방이 나왔지만, 현재는 30개 정도밖에 만들 수 없다고 이해하면 됩니다. 또한 평당 건축비도 250~300만 원 정도 생각해야 합니다. 만약 신축 면적이 150평이라면 375~450백만 원의 건축비가 나옵니다.

둘째, 기존의 고시원이나 모텔, 독서실 등을 **구조 변경해서 신축**하는 방법입니다. 기존 시설의 철거 비용까지 고려해야 하니 내 건물에 신축하는 경우보다 건축비가 더 나올 수 있습니다. 그러나 구조 변경의 경우, 2020년 이전에 지어진 건물에 대해서는 위에서 언급한 개정된 건축법 시행령의 적용을 받지 않기 때문에 내 건물에 신축하는 경우에 비해 *20~30% 정도 방을 더 만들 수 있다는 장점*이 있습니다.

셋째, **건물주가 신축했거나 운영 중인 고시원을 인수**하는 방법입니다. 신축인 만큼 내구성도 좋고 각종 수선, 수리비가 적게 드는 장점이 있는 반면 건물주도 시설비 외에 프리미엄(P)을 얹어 매도를 할 것이기 때문에 위에서 언급한 건축비보다는 꽤나 높은 가격일 수 있습니다.

넷째, **현재 운영 중인 고시원을 보증금과 권리금을 주고 인수**

하는 방법입니다. 가장 일반적인 인수 방법이고 네 가지 방법 중 **가장 저렴한 비용으로 창업할 수 있는 방법**입니다. 1억 이하 매물도 다수 있으며 3억을 넘는 매물도 있을 정도로 가격은 다양합니다. 따라서 투자 자금의 규모에 맞추어 고시원을 창업할 수 있습니다.

결국 투자 자금의 규모 등 경제적 사정과 투자수익률 등을 고려하여 네 가지 방법 중 하나를 선택하면 될 것입니다.

Q. 4

기대되는 투자 수익률은 얼마나 될까요?

저는 투자수익률을 이야기할 때, 편의를 위해 세후가 아니라 세전 수익을 사용하고 만실을 기준으로 합니다. **연간 투자 수익률 = 연간 세전 수익 / 투자 금액**입니다. 여기서 투자 금액은 보증금과 권리금의 합을 말합니다. 요즘처럼 많은 사람들이 고시원 창업에 관심을 갖지 않던 시기에는 연간 투자 수익률이 40% 이상 되는 고시원들도 있었다고 합니다. 코로나 사태로 시세가 잠시 주춤했던 시절도 있었으나 최근에는 시세가 많이 올라 있는 상태입니다. 개인적으로는 **연간 투자 수익률이 25% 정도 나오는 물건**이라면 인수할 만한 물건이라고 봅니다. 물론 그 이상의 수익이 나는 물건이라면 더할 나위 없겠으나 누군가로부터 연간 투자 수익률이 30%를 훌쩍 넘는 물건이라고 소개받았다면 일단 의심부터 해 보고 꼼꼼히 따져 보시길 바랍니다. 나의 돈은 누구도 대신 지켜주지 않습니다.

Q. 5

현재 고시원 연간 투자 수익률이 상당히 높다고 들었습니다. 지금 이라도 서둘러 투자하는 것이 좋지 않을까요?

    고시원의 연간 투자 수익률이 높은 이유는 고시원 운영자의 땀과 노력이 들어가 있기 때문입니다. 이러한 땀과 노력을 생각하지 않고 단순히 투자수익률에만 매몰되면 후에 낭패를 볼 수도 있습니다. 공실을 최소화해야 하고 나아가 만실을 지속적으로 유지하는 것은 그만큼 운영자의 땀과 노력을 해야 합니다. **아파트를 매수하거나 땅을 매수하는 등의 부동산 투자와는 전혀 다릅니다.** 따라서 고시원 인수 후 땀 흘릴 준비가 되어 있지 않다면 재고해 보시길 바랍니다.

Q. 6

월 수익을 예상할 수 있는 묘안은 없을까요? 중개사 말만 무조건 믿기가 어렵습니다.

해당 고시원의 공실 상황과 입실료 현황을 담고 있는 입실 장부, 그리고 전기, 가스, 수도, 관리비 등의 공과금 현황을 볼 수 있다면 월 수익을 보다 상세하게 예상할 수 있겠습니다. 중개사에게 해당 정보를 요청해서 받아 보면 좋겠지만, 권리 양도양수 계약 이전에 양도하고자 하는 사람이 이런 상세한 정보를 제공하는 경우는 흔하지는 않습니다. 이 점이 바로 예비 창업자들이 가장 걱정하고 답답해하는 부분입니다.

물론 권리 양도양수 계약할 때는 위에서 언급한 상세한 정보를 볼 수 있습니다. 이때 중개사가 사전에 얘기했던 내용과 상이한 점이 많아 내키지 않는다면 계약을 하지 않으면 그만입니다. 그럼에도 불구하고, 사전에 월 수익을 꼭 예측해 보고 싶다면, 제가 사용했던 방법을 사용해 보시기 바랍니다. (단, 이는 저의 사견이기에 절대 정확한 지표가 될 수는 없음을 밝히는 바입니다.)

1. *월 임대료의 85~90%*

2. *권리금 회수 기간이 24~30개월*

예를 들어 올 원룸형 고시원 인수 조건으로 보증금 1억, 권리금 1.5억, 월 임대료 600만 원(부가세 별도), 월 세전 수익이 650만 원이라는 내용을 중개사로부터 전달받았다고 예시를 들어보겠습니다. 1번을 적용하면 553 ~ 585만 원이 나옵니다. 권리금 회수 기간은 약 26~29개월로 계산되어 2번의 기준도 만족합니다. 또 연간 투자수익률이 24.5%로 예상되어 양호한 물건으로 볼 수 있겠습니다. 위 계산법을 활용하여 물건을 찾아보되, 반드시 꼼꼼히 해당 사항들을 직접 알아보시길 추천드립니다.

Q. 7

고시원을 인수하게 되면, 계약서를 두 개 작성한다고 하는데요. 왜 그러는 건가요?

    고시원 창업 방법 네 번째 방법인 현재 운영 중인 고시원을 보증금과 권리금을 주고 인수할 때 두 개의 계약서를 작성하게 됩니다. 양도인(기존 임차인)과 양수인(새로운 임차인) 간에는 **_권리양도양수 계약_**을 체결하고, 건물주인 임대인과 새로운 임차인 간에는 **_부동산 임대차 계약_**을 체결합니다. 권리양도양수 계약은 양도인이 소유하고 있던 권리를 변경 없이 유지하며 양수인이 양도받는 계약을 말합니다. 보통은 권리 양도양수 계약 체결 후 임대인에게 양도양수 사실을 알리고 일정 기간 후에 부동산 임대차 계약을 체결하게 됩니다.

Q. 8

임대인(건물주)이 운영하던 고시원을 무권리로 양수하여 운영하다가 나중에 새로운 임차인에게 양도하는 경우 권리금을 받을 수 있나요? 임차인 간에 수수되는 권리금에 대해 임대인이 개입할 수 있나요?

당연히 권리금을 받을 수 있습니다. 부연 설명을 드리면, 임대인이 직접 시설을 하고 운영하다가 임대를 주는 경우, 보통은 권리금은 없으나 보증금과 월 임대료를 상대적으로 높게 책정합니다. 때로는 바닥 권리금 조로 권리금을 받는 경우도 있습니다. 요즘에는 이런 무권리 물건이 거의 없다시피 합니다. 그럼에도 이런 물건을 인수하게 된다면 임차인에게는 금전적으로 상당히 큰 행운이라고 할 수 있습니다. 권리금이 없으니 초기 투자 비용이 상당히 절감되고 운영을 잘해서 만실 고시원을 만들면 상당한 권리금이 붙을 수도 있기 때문입니다.

임차인 간에 권리금 수수를 마땅치 않게 생각하는 임대인들도 있으나 상가임대차보호법에서 임대인은 권리금에 대해서 관여하지 못하도록 엄격히 규정하고 있습니다. 심지어 어떤 임대인은 임대차 계약서에 '임대인은 권리금을 인정하지 않는다'라는 특약을 넣기도 합니다. 그러나 이 특약은 **강행규정 위반으로 무효라는 대법원 판례**가 이미 나와 있는 상태입니다. 그럼에도 불구하고 부동산 임대차 계약서에 이런 특약을 넣지 않는 것이 임차인에게는 유리합니다.

Q. 9

고시원 창업에 대해 진지하게 고민 중인 직장 은퇴를 앞둔 50대 남자입니다. 그런데 고시원을 창업했던 지인이 고생만 하고 권리금도 까먹고 나올 수도 있다고 극구 말립니다. 정말 권리금 손해 보고 실패하는 경우가 흔한가요?

    권리금은 바닥 권리금, 시설 권리금 그리고 영업 권리금으로 구분됩니다. 고시원 매매에서 언급되는 권리금은 보통 영업 권리금을 말합니다. 예를 들어 같은 음식점이라도 장사가 잘되는 가게와 그렇지 않은 가게 중 어느 쪽이 권리금이 더 붙을까를 생각하면 쉽게 이해가 됩니다. 잘 되는 고시원, 즉 사람들이 많이 찾는 고시원, **만실 고시원을 만들면 권리금이 오르는 것은 당연한 일**입니다. 권리금에는 고시원 운영자의 땀과 노력의 대가가 반영된 것으로 보면 됩니다. 절대 아무런 노력 없이 저절로 만실이 되는 고시원은 없습니다.

    권리금을 손해 보고 양도하는 경우는 보통 제대로 관리, 운영하지 않아 벌어지는 결과입니다. 참고로 고시원의 권리금(P)은 아파트의 P와는 전혀 다릅니다. 아파트는 매수 후 집주인의 어떤 노력에 의해서 P가 오르지 않습니다. 사회적, 정책적 이슈 등에 의해서 움직일 뿐입니다. 그러나 고시원은 고시원 운영자의 땀과 노력에 의해서 P가 결정됩니다. 앞서 말한 대로 고시원은 창업과 운영, 유지 관리 모든 면에서 투자자의 관심과 노력이 필요합니다. 제가 창업에 국한하여 컨설팅을 하지 않고 운영에 대한 노하우를 모두 전수하는 이유도 이와 같은 이유입니다.

Q.10

고시원을 인수하려고 하는데 임대인이 월 임대료를 올린다고 합니다. 인상될 임대료만큼 기대 수익이 감소하는 상황으로, 인수를 해야 할지 포기해야 할지 판단이 서지 않습니다. 어떻게 하면 좋을까요? 또 계약 갱신할 때마다 임대료가 오르면 수익은 지속적으로 줄게 될 텐데 이것 또한 걱정입니다.

임대료 인상은 고시원뿐만 아니라 거의 모든 상가 임대차에서 발생하는 임차인들의 고민입니다. 임대인이 임대료를 올리고 싶어 하는 것은 당연한 시장 원리입니다. 그러나 그들도 상가임대차보호법을 잘 알고 있기에 올리고 싶은 만큼 마음대로 올리기 어렵다는 것 또한 잘 알고 있습니다. 다만, 임차인이 바뀌는 경우, 상가임대차보호법의 월차임 또는 보증금 인상률 제한 규정(최대 5%)이 적용되지 않아 임대인은 임대료를 올릴 수 있는 기회로 삼기도 합니다. 이런 경우에는 보통 **계약을 포기하든지 아니면 인상된 임대료만큼 권리금을 차감하는 방법**이 있습니다. 후자의 경우는 기존 임차인이 수용해야 가능합니다.

임대차계약은 보통 그 기간이 2년입니다. 2년 후 다시 계약을 체결할 때 임대인과 잘 협의해서 동결하거나 인상하더라도 아주

소폭 인상이 되도록 평소에 임대인과의 좋은 관계를 만들어 놓는 것도 중요하다 할 수 있습니다. 상가임대차보호법 상 보증금과 월차임이 환산보증금 내에 들어오면 최대 인상률을 5%로 제한하고 있다는 점도 기억해 두시기 바랍니다. 보통 *2년에 한 번 정도 임대료가 인상된다고 가정*하고 사전에 비용을 줄일 수 있는 방법이라든가 월 입실료를 인상하는 방법 등을 준비해 놓으면 좋을 것 같습니다.

Q.11

고시원 매물에는 보통 권리금이 붙기 마련인데 중개사가 권리금이 없는 무권리 물건을 소개해 주었습니다. 이상한 물건은 아닐까요?

무권리 매물은 두 가지 종류가 있습니다. 첫째, 건물주인 임대인이 시설을 해서 직접 운영하다가 무권리로 내놓은 물건입니다. 이런 물건은 임차인에게는 행운의 물건이라 할 수 있습니다. 권리금이 없으니 투자 비용이 상당히 절감될 것이고 운영을 잘해서 만실 고시원을 만들어 놓으면 상당한 권리금이 붙어 자본적 이득까지 취할 수 있기 때문입니다. 둘째, 임대인이 아니라 기존 임차인이 운영하다가 무권리로 내놓은 물건입니다. ***이런 물건은 상당히 주의를 요합니다.*** 권리금이 없다는 것은 영업이 안 되는, 즉 공실이 많은 고시원이라는 것을 의미하기 때문입니다. 권리금이 없으니 싸서 좋다고만 생각할 문제가 아닙니다. 이런 물건을 잘못 인수하면 수익이 거의 나지 않아 고생만 하다가 다시 무권리로 시장에 내놓게 되는 것입니다.

Q.12

비슷한 조건의 물건들 사이에서 고민 중입니다. 하나는 보증금 1억에 권리금 1억, 다른 하나는 보증금 7천에 권리금 1억 3천입니다. 어떤 차이가 있는 걸까요?

보통 고시원 초기 투자 금액이라 하면 **보증금과 권리금의 합**을 말합니다. 같은 투자 금액이라고 하더라도 질문처럼 보증금과 권리금이 다를 수 있으나 어느 물건이 더 좋다 그렇지 않다 단정 지어 말할 수는 없습니다. 같은 2억짜리 물건이기 때문입니다. 시설 상태나 입실 현황, 지출 비용 등에 근거하여 수익성 분석을 해 보고 권리금의 적정성을 판단하는 것이 중요하다고 할 수 있습니다.

Q.13

매물을 보니 '보증금 ○○만 원, 권리금 ○○만 원' 이렇게 되어 있는데 보증금은 계약 종료 후 임대인에게서 돌려받는 돈이니 걱정 없지만 권리금은 기존 임차인이 정한 금액이라서 잘못하면 안 줘도 되는 돈을 줄 수도 있을 것 같아 걱정이 됩니다. 혹시 권리금이 적정한 지 여부를 알 수는 없을까요?

권리금의 적정 여부를 판단해 보기 위해서는 먼저 ***세전 월 수익***을 알아야 합니다. 기존 임차인으로부터 정확한 월별 세전 수익 데이터를 제공 받을 수 있다면 최선이지만 이것이 어렵다면 위에서 설명한 월 수익 예상 방법을 참고하시기 바랍니다. 만약 월 세전 수익이 500만 원이라고 한다면 권리금 회수 기간을 24~30개월로 보고 계산하면 1억 2천~1억 5천의 권리금이 예상됩니다. 일단 이 범위 안에 들면 적정 수준이라고 할 수 있습니다. 다음으로 연간 투자수익률을 꼭 짚어 봐야 합니다. 만약 권리금이 1억 4천인데 보증금이 1억 6천이라면 연간 투자수익률이 20%가 나옵니다. 즉, 권리금의 회수 기간으로만 보면 적정한 수준으로 보이지만 연간 투자수익률로 보면 권리금이 다소 과해 보입니다. **권리금 회수 기간과 연간 투자수익률 두 가지를 반드시 확인**하여 권리금 적정 여부를 판단해 보시기 바랍니다.

Q.14

전업주부입니다. 늘어나는 아이들 교육비, 부부 노후 대비를 위한 현금 흐름을 여러모로 고민하던 중 고시원 창업에 눈길이 가게 되었습니다. 여자 혼자서도 고시원을 잘 운영할 수 있을까요? 만류하는 사람들이 많아서 고민이 됩니다.

먼저 추가적인 현금흐름을 만들어 내기 위해 여러 업종 중에 고시원을 생각하셨다니 그 선택에 응원을 보내드리고 싶습니다. 다양한 자영업 중에 안정성과 수익성을 겸비한 업종을 찾기란 결코 쉽지 않습니다. 특별한 기술도 필요 없고 경기도 타지 않고 신규 진입도 어렵고 안정성과 수익성을 모두 갖춘 업종이 바로 고시원이라고 봅니다. 최근 들어 고시원 운영자의 연령대가 젊은 층으로 많이 바뀌었고 여자 원장님들도 많은 추세입니다. **오히려 여성 원장님들의 인테리어 감각 등이 뛰어나서** 고시원 방과 복도, 주방 등의 시설을 젊은 층에 맞추어 놓아 인기가 많은 고시원도 많아졌습니다. 입주민들의 만족도가 높아지는 것은 당연한 일이겠지요. 아직도 고시원이 쪽방이라는 이미지를 가지고 있는 사람들은 고시원에 대해서 부정적인 말을 할 것이고, 고시텔, 원룸텔 등 최근 변화된 고시원을 접하신 분들은 그렇지 않을 것입니다. 주변 사람들 말보다 나 자신의 판단이 중요하지 않을까 싶습니다.

Q.15

무인 판매점처럼 고시원도 오토로 운영할 수 있다고 하던데 정말인가요?

가능합니다. 다만, 고시원 인수 후 일정 기간 동안 오토로 운영이 가능할 만큼 **시스템화하기 위한 사전 노력이 필요**합니다. 무엇보다도 화질이 좋은 CCTV설치와 번호키(도어락) 설치는 필수입니다. 방을 보러 온 사람에게 CCTV를 보면서 전화로 방과 공용시설 안내가 가능해야 하고 즉시 입실하고자 하는 사람에게 방문을 열어 줄 수 있어야 하기 때문입니다. 주방, 세탁실 및 복도 등의 공용시설 청소와 빈방 청소는 용역을 이용하고 고시원 운영자는 필요할 때 비품 교체나 쌀, 라면, 김치 등의 부식만 채워 주면 오토 운영이 가능하게 되는 것입니다. 투자 자금에 여유가 있는 사람들은 이런 방식으로 두 개, 세 개 아니 그 이상으로 고시원을 창업하기도 합니다. 물론 그 수가 늘면 총무를 고용할 경우도 생기게 됩니다.

Q.16

맞벌이 부부입니다. 매달 추가적으로 안정적인 현금흐름을 만들고 싶어 현재 보유하고 있는 현금 1억과 대출 1억으로 고시원 창업을 하려고 합니다. 부업으로 하게 되면 아무래도 전업보다 고시원 운영에 신경을 많이 쓰지 못해, 기대했던 수익이 나오지 않으면 어쩌나 하는 걱정이 많습니다.

빈방 청소를 제외하면 보통, 고시원 일일 업무 시간이 1~2시간 정도 소요됩니다. 또 출근 전 또는 퇴근 후 등 본인이 가능한 시간에 와서 일을 보면 되기 때문에 업무시간이 매우 탄력적입니다. 위의 설명처럼 오토로 또 총무를 고용해서 운영할 수도 있습니다. 물론 지출은 증가하겠지만 본업이 있는 사람이라면 시간을 효율적으로 사용할 수 있다는 것이 무엇보다 큰 이점이 아닐까요?

Q.17

고시원을 하기에 좋은 위치는 어디일까요?

대부분의 고시원은 유동 인구가 많은 역세권에 많이 자리 잡고 있습니다. 이런 고시원들은 일반적으로 권리금도 높고 월 임대료도 높습니다. 그렇다고 방 당 입실료가 비역세권 고시원이나 비수도권 고시원에 비해 월등히 높은 것도 아니니 수익성이 기대했던 것만큼 좋지 않을 가능성이 있습니다. 따라서 서울 어느 지역, 어느 역 근처가 고시원 하기에 좋다고 단정하기는 매우 어렵습니다. 권리금 회수 기간이 짧고 투자 금액 대비 수익률이 좋은 고시원이라면 그 고시원이 어디에 위치해 있든 문제가 되지 않습니다. 단, 고시원 운영자의 주 거주지와 너무 떨어져 있으면 관리 운영상 다소 불편한 점은 있을 수 있습니다.

오히려 피해야 할 지역을 잘 체크할 필요가 있습니다. 실제로 그 지역을 가서 눈으로 확인해 보는 방법이 가장 좋습니다. 어느 지역에 밀집해 있는 고시원들 여러 곳을 직접 방문하여 방 가격은 얼마인지, 공실은 어느 정도인지 확인해 보면 그 지역이 수요에 비해 공급이 과한지 그렇지 않은지 대략 알 수 있습니다.

Q.18

고시원을 창업하고 운영하다 보면 어느 정도의 공실은 안고 가야 한다고 들었습니다. 평균 공실률을 얼마로 봐야 할까요?

    고시원은 업종이 숙박업입니다. 그 때문에 가장 큰 리스크가 바로 공실이라고 할 수 있습니다. 고시원을 운영하다 보면 부득이 공실이 발생합니다만 공실률은 0%, 즉 만실 고시원을 목표로 운영 관리에 최선을 다하는 것이 중요합니다. 공실을 최소화하고 더 나아가 **만실을 만들고 유지하는 것이 고시원 운영에 있어 유일한 목표**라고 생각하시기 바랍니다. 예를 들어 0%의 공실률이 아니라 10%의 공실률을 받아들이는 순간부터 그 고시원이 만실이 되기는 어렵지 않을까요?

Q.19

소개 받은 물건이 다른 시설은 모두 괜찮은데, 냉방 방식이 개별냉방이 아니라 중앙냉방인 점이 마음에 걸립니다. 혹시 이에 따라 새로이 입실하려고 했던 입주민들이 개별냉방의 다른 고시원으로 가지 않을까요?

참고로 필자가 운영하는 고시원 중 한 곳이 중앙냉방 방식입니다. 그 고시원은 현재 1년 이상 만실 유지 중입니다. 물론 입주민, 즉 고객의 입장에서는 개별냉방의 선호도가 높을 수밖에 없습니다. 하지만 고시원 운영자 입장에서 보면 **비용적인 측면, 관리적인 측면 모두 중앙냉방이 편리**합니다. 개별 냉방 시 여름철 전기요금이 더 나오는 경향이 있고 2년에 한 번씩 모든 개별 에어컨 세척을 한다고 하면 그 비용도 적지 않습니다. 또 입주민 개개인이 방에 달린 에어컨을 고시원 운영자처럼 제대로 관리해 줄 것을 요구할 수도, 기대할 수도 없으니 생각하지 않았던 수리 비용이나 교체 비용 등이 발생할 가능성도 높습니다. 사실 중앙냉방 방식이더라도 여름철에 적정 수준으로 가동해 주면 입주민들의 불만은 거의 없습니다. 따라서 단순히 **개별냉방이나 중앙**

냉방이냐가 새로운 입주민의 입실을 결정하는 절대적인 요소가 되지는 않는다는 점 말씀드립니다. 참고로 입주민들이 중앙냉방을 꺼리는 이유는, 고시원 운영자가 경비 절감을 위해 여름철에 에어컨을 제대로 가동하지 않을까 하는 걱정 때문이 더 많다고 하니, 이에 대한 부분을 사전에 충분히 고지한다면 문제 될 소지는 없습니다.

Q.20
인터넷에 올라와 있는 매물을 믿어도 될까요?

    인터넷에 올라와 있는 괜찮은 아파트 매물을 발견하고 부동산 사무소에 전화하면 다른 매물을 소개해 줄 때가 종종 있습니다. **인터넷상에는 흔히 말하는 미끼 매물이 여전히 존재**합니다. 보통 급매이거나 괜찮은 물건은 인터넷에 올라오지 않는다고 보는 것이 맞습니다. 이 점 참고하시고, **직접 믿을 만한 중개사를 찾아서** 물건을 소개받는 것을 추천합니다.

Q.21

고시원 매물을 볼 때 어떤 점들을 중점적으로 봐야 할까요?

매물을 소개받고 방문하여 고시원 시설을 둘러보고 나와도, 머릿속에 남아 있는 것이 별로 없어 기억이 잘 나지 않습니다. 그렇다고 다시 들어가서 보고 오기도 불편하지요. 매물을 보러 가기 전, **체크리스트를 준비할 것**을 추천합니다. 본인 나름의 체크리스트를 만들고 시설을 보면서 또는 고시원을 나온 후 바로 기록을 하기를 바랍니다. 특히 **방마다 번호 키(도어록)가 설치**되어 있었는지, 세탁실에 **건조기**가 있었는지, **냉장고나 정수기, 에어컨** 등의 공용시설은 상태가 어땠는지 등을 살펴보기 바랍니다. 또, **저녁 즈음에 다시 한번 방문하여 주변 환경을 반드시 체크**해 보시기 바랍니다. 고시원은 건축법상 제2종 근린생활시설로 구분되어 있어 고시원 주변에는 소음을 발생시키는 시설들이 같이 자리하고 있는 경우가 많습니다. 주로 저녁부터 영업을 시작하는 업종들이기 때문에 낮에는 주변 소음 등을 제대로 확인하기 어렵습니다.

Q.22

전 사업자가 매물을 시작한 지 6개월 만에 양도하는 물건이 있습니다. 운영한 지 얼마 되지 않은 물건이라 혹시 영업이 잘 안되어 양도하려는 것은 아닐까요?

그다지 오래 운영하지 않고 다시 나온 물건이라면 '혹시 영업이 잘 안되고 있는 물건은 아닌가', '영업이 잘되면 계속 운영하지 왜 양도하려고 할까?'라고 생각하는 것은 어찌 보면 당연한 일입니다. *그러나 그 이유는 다양할 수 있습니다.* 건강상의 문제, 먼 지역으로의 이사, 급하게 돈이 필요하게 된 경우, 직장의 문제로 투잡이 어려워진 경우, 여러 곳을 운영하다가 한 곳을 처분하는 경우 등이 해당할 수 있습니다.

따라서 양도 이유보다는 *그 고시원의 현재 매출, 공실 정도, 비용 등을 확인*하여 내가 운영할 만한 괜찮은 물건인지를 파악하는 것이 우선입니다. 잘되고 있는 고시원인데 영업상의 문제가 아니라 개인 사정으로 내놓은 물건이라면 현재 운영자가 얼마의 기간 동안 운영했는지는 사실 별로 중요한 문제가 아니겠지요.

Q.23

같은 물건인데 중개사무소에 따라 가격이 다른 경우도 있어 매우 놀랐습니다. 왠지 사기를 당할 수도 있지 않을까 하는 걱정이 앞섭니다. 가격이 다른 이유가 뭘까요?

고시원 운영자가 매물을 여러 부동산 사무소에 내놓으면서 중개수수료 제하고 얼마의 금액을 달라고 요구하는 경우가 있습니다. 즉, 중개수수료는 중개사에게 일임하고 본인은 약속된 금액만을 요구하는 경우입니다. 중개사는 양도자에게 주기로 약속한 금액 위에 중개수수료를 붙여 매매 가격을 정하게 됩니다. 따라서 **얼마의 수수료를 붙이느냐에 따라 부동산 사무소 별로 가격이 달라질 수 있는 것**입니다. 일단 중개수수료를 많이 붙인 부동산 사무소와 중개사에게 호감을 갖기는 어렵다는 것이 제 의견입니다.

Q.24

주변 다른 고시원과 차별화를 가지고 싶습니다. 마케팅 방향을 어떻게 잡으면 좋을까요?

　경쟁 상대인 주변 고시원들과의 차별화는 고시원의 마케팅에 있어서 매우 중요합니다. 이는 책상에 앉아 머리로만 풀 수 있는 과제가 아닙니다. ***주변 고시원들을 직접 방문해 보세요.*** 방과 공용시설의 시설 상태, 청결 상태, 주변 환경, 운영자의 태도나 자세 등을 살펴보는 일이 선행되어야 합니다. 참고로 아래의 표는 과거 필자가 만들어 사용했던 고시원별 체크리스트입니다.

고시원별 평가표								
		가중치	A고시원	B고시원	C고시원	D고시원	E고시원	나의 고시원
방구조		원룸형(화장실 & 샤워실)						
청결도	방	20%	중	중상	하	중상	중하	중상
	공용시설	20%	중	중상	중하	중상	하	중상
방 시설 수준		10%	중	중	중하	중	중	중상
주변 소음		10%	상	중	상	중상	중하	중하
냉방		10%	중(중앙)	상(개별)	상(개별)	중(중앙)	상(개별)	상(개별)
인터넷(와이파이)		5%	상(전용)	중(오픈형)	상(전용)	상(전용)	상(전용)	상(전용)
도어락		5%	X	O	X	O	O	O
입실료 수준		20%	상	상	중	중상	상	상

체크할 항목, 항목별 가중치를 정하고 고시원을 방문한 후 평가를 했습니다. 상, 중, 하의 정성적 평가 후 이를 **상 5점, 중상 4점, 중 3점, 중하 2점, 하 1점과 같이 정량적 평가로 전환**한 후 가중치를 반영해 주면 고시원별 점수에 따른 랭킹도 만들 수 있습니다. 다른 경쟁 고시원과의 차별화를 위해서는 우선 나의 고시원이 어느 위치에 있는지, 어떤 평가 항목이 우수한지, 부족한지를 판단해 봐야 합니다.

잘하는 부분은 더욱더 잘하고 부족한 부분은 차근차근 채워가다 보면 어느새 차별화된 고시원이 되어 있을 것입니다. 기존 입주민들이나 새로 들어올 입주민들 입에서 '여기가 제일 깨끗해', '원장이 엄청 친절해', '다른 친구에게 여기 소개시켜 줘야겠어' 와 같은 말이 나오면 그 고시원은 이미 주변 고시원들에 비해 경쟁력을 갖춘 것으로 봐도 되지 않을까요?

또 고시원 입주민들 중에는 **고시원 생활 경험이 많고 여러 고시원에 거주했던 경험이 있는 입주민**이 있을 수 있습니다. 그런 입주민이 있다면 그 입주민으로부터 아주 알찬 정보를 얻을 수 있습니다. 고시원 운영자가 아무리 입주민의 입장에서 생각해

보려고 노력하더라도 입주민들의 니즈를 모두 파악하기는 어렵습니다. 그 입주민을 통해 미처 알지 못했던 입주민의 니즈를 파악하고 충족시켜 나간다면 이 또한 경쟁력 있는 고시원을 만들어 가는 좋은 방법이라 할 수 있습니다.

Q.25

방 개수가 정해져 있다 보니 만실이 되면 매출을 늘리고 싶어도 늘릴 수 없는 상황이 올 텐데, 추가로 매출을 늘릴 수 있는 방법이 있을까요?

말씀대로 방의 개수가 고정되어 있어 방의 개수를 늘리지 않는 이상 눈에 띄는 매출 증가를 기대하기는 어렵습니다. 방의 개수를 늘리는 것은 절대 함부로 할 수 없는 일이니 이를 제외하고 추가적으로 매출을 늘릴 수 있는 방법을 설명해 보겠습니다.

첫째, 주변 다른 고시원들의 시설 수준과 입실료 수준 등을 고려하여 **방 타입별 기준 입실료**를 정합니다. 예를 들어 외창방은 40만 원, 내창방은 35만 원으로 기준 입실료를 정했다면 이 기준에 미달하는 방들의 입실료를 기준 입실료 수준까지 인상합니다. 나름의 인상 배경을 충분히 설명한다면 1, 2만 원 정도는 한 번에 인상해도 큰 무리는 없어 보입니다. 그러나 장기 입주자들의 경우 입실료가 상당히 저렴한 경우도 있으니 이런 경우에는 **일정 기간을 두고 두, 세 번에 걸쳐서 인상하는 방법을 추천**합니다. 너무 부담되는 인상액이라면 입주민이 퇴실을 생각할 수도 있기 때문입니다.

둘째, 빈방이 나왔을 때, 노후화된 방의 가구나 가전 등을 교체하거나 인테리어도 깔끔하게 하는 등, **새로운 분위기의 방을 꾸민 후 합리적 수준에서 입실료를 인상**합니다. 초기 투자 비용은 들겠으나 빈 방 나올 때마다 새롭게 방을 꾸며 인상된 입실료를 받을 수 있다면 장기적으로는 이득이 될 것입니다.

셋째, 대부분의 고시원 건조기는 이미 시간당 천 원 정도로 유료화 되어 있습니다. 만약 유료화가 되어 있지 않다면 **코인기를 달아 유료화**합니다. 또 빨래방에서 사용하는 상업용 세탁기를 들어놓고 유료화한 고시원들도 있습니다.

사실 위와 같이 세 가지 방법으로 매출을 늘리더라도 방 한 개의 입실료 매출이 안 될 수도 있습니다. 그러나 소액이더라도 증가된 매출액을 결코 무시하면 안 됩니다. 만약 늘어난 매출이 월 20만 원이라면 나중에 양도하게 될 때, 늘어난 매출액 20만 원의 24~30개월분에 해당하는 480~600만 원이 **권리금에 추가할 수 있기 때문**입니다.

Q.26

고시원 인수 후 처음으로 겨울을 지내고 있는데 가스 요금이 비슷한 규모의 다른 고시원에 비해 너무 많이 나온 것 같아 걱정입니다. 난방 가동 시간을 줄여야만 할까요?

고시원을 인수한 지 채 1년이 지나지 않으면 처음 맞이하는 여름에는 전기 요금, 겨울에는 도시가스 요금이 얼마나 나올지 무척이나 신경 쓰이게 됩니다. 가스 요금이 생각했던 것보다 과하게 나왔다면 두 가지를 살펴봐야 합니다.

첫째, 도시가스 공급회사(예 : 삼천리)에 전화하여 **도시가스 용도를 꼭 확인**해 봐야 합니다. 일반 가정에서 사용하는 주택용(가정용) 도시가스의 요금 단가가 가장 저렴합니다. 그런데 고시원이 보통 상가 건물 내에 위치하다 보니 주택용에 비해 거의 2배 비싼 업무용으로 등록되어 있는 경우가 간혹 있습니다. 해당 고시원이 건축물대장에 제2종 근린생활시설(고시원)이라고 표기되어 있으면 즉시 도시가스 공급회사에 연락하여 주택용으로 용도 변경을 신청하시기 바랍니다.

둘째, 도시가스 용도가 주택용으로 제대로 등록되어 있다면 **보**

일러 **가동 시간 조절**이 필요해 보입니다. 보일러의 난방 모드에 따라 가스 요금의 차이가 발생할 수도 있습니다.

Q.27

상가관리비 내역 중 수도요금이 적절하게 나오는 것인지, 과하게 나오는 것인지 알 수가 없습니다. 현재 부과되는 수도 요금을 좀 더 절약할 수 있는 방법은 없을까요?

먼저 수도요금의 종류를 알아보겠습니다. 용도에 따라 가정용, 일반용, 욕탕용, 산업용으로 구분되는데 가정용과 일반용만 구분해서 설명 드리겠습니다. 말 그대로 일반 가정에서 사용하는 용도가 가정용, 음식점 등 **일반 상가에서 사용하는 용도가 일반용**입니다. 가스 요금과 마찬가지로 수도 요금도 일반용이 가정용에 비해 단가가 거의 2배 비싸다고 보면 됩니다. 고시원은 건축법상 주택이 아니라 제2종 근린생활시설로 상가로 분류되어 **가정용이 아닌 일반용 수도 요금이 적용**됩니다. 그러나 **전입신고를 하면 전입신고가 되어 있는 세대 수만큼은 가정용 요금**

을 적용 받을 수 있습니다.

또 고시원 전체 물 사용량을 **세대 수로 나누어서 처리**할 수 있습니다. 이를 세대분할이라고 합니다. 수도 요금을 고시원 이름으로 일괄 처리하는 것이 아니라 각 세대별로 나눠서 계산하는 방법으로 누진세도 완화할 수 있습니다. 즉, 전입신고가 되어 있는 입주민이 많으면 그만큼 수도 요금을 절감할 수 있습니다. 물론 지자체 수도사업소에 문의하여 필요한 자료를 갖추어 신청해야 합니다. 세대 분할이 되어 있음에도 요금이 과하다고 생각된다면 **누수 여부도 확인이 필요**할 수 있습니다.

Q.28

입주민들도 만족하고 난방비도 적정하게 나오는 수준으로 가동하려면 어떻게 해야 할까요?

시행착오를 겪으면서 최적의 가동 방법과 시간을 찾아내는 수밖에 없습니다. 가동 방법에는 보통 세 가지가 있습니다. 1) **실내 온도를 정해 놓고 가동**하는 방법 2) **온돌 모드에서 난방 온도를 정해 놓고 가동**하는 방법 3) 주기적으로 또는 시간대별로 **예약해서 가동**하는 방법 등입니다. 1번은 고시원의 경우 실내 온도 조절기가 보통 사무실에 부착되어 있기 때문에 각 방의 실내 온도를 반영하지 못하는 단점이 있습니다. 2번은 일정한 난방 온도를 유지하도록 보일러가 가동되어 늘 방의 온도가 일정하게 유지될 수 있습니다. 그러나 입주민들이 방에 없을 때도 계속 보일러가 가동된다는 단점이 있습니다. 3번은 예를 들어 두 시간마다 30분 또는 하루 24시간 중 시간을 정해서 가동하므로 운영자의 입장에서는 난방비 예측이 용이합니다. 그러나 정해진 시간 외에는 보일러가 가동하지 않아 입주민들의 만족도가 떨어질 수도 있습니다. 때로는 위의 가동 방법보다 그 날 그 날의 **기온**

에 따라 적절히 가동하는 것이 합리적일 수도 있습니다. 그래서 원격으로 보일러 가동을 조정할 수 있는 실내 온도조절기를 설치하고 스마트폰으로 보일러 가동시간이나 온도를 조절하는 고시원들도 많습니다.

Q.29
고시원 인수 후 입주민들에게 어떻게 인사하면 좋을까요?

고시원 입주민들을 직접 만나 인사하면 좋겠으나 현실적으로 어렵습니다. 그래서 보통 **수건이나 머그컵 등 간단한 선물과 인사말을 적은 편지 그리고 명함**을 봉투에 같이 넣어서 문에 걸어둡니다. 그리고 문자로 간단한 인사말과 함께 입실료 결제 계좌번호를 알려주면 됩니다.

Q.30

입주민이 방을 더럽게 사용하지 않은지 걱정입니다. 방을 직접 보고 싶은데 좋은 방법이 없을까요?

    간단합니다. 한 달에 한 번이든 두 달에 한 번이든 ***정기 소독을 진행하는 방법을 추천***합니다. 고시원 운영자가 직접 할 수도 있고 소독 업체를 사용해도 됩니다. 소독을 통해 벌레를 퇴치하고 고시원 청결을 유지하는 것도 중요한 목적이지만 이때는 모든 방을 소독해야 하므로 직접 방 상태를 확인할 수 있습니다. 또는 정기적으로 고시원 자체 소방 점검을 통해 각 방에 화기라든가 취사도구 등은 없는지 확인하면서 방 상태를 직접 볼 수도 있습니다. 입주민들에게 사전에 정기 소독일 또는 소방 점검일, 그 취지 등에 대한 ***사전 공지를 한 후 진행***하면 입주민들과 큰 마찰 없이 진행할 수 있습니다.

Q.31

입실료를 자주 연체하는 입주민이 있는데 어떻게 조치하면 좋을까요?

상습적으로 입실료를 연체하여 몇 개월이 연체되어 있는 상태라면 **연체된 입실료를 포기하고 가능한 빨리 퇴실 조치**하는 것이 좋습니다. 입실료는 절대 연체가 되지 않도록 관리해야 하는데 어떤 사정에 의해 장기 연체가 발생했다면 밀린 입실료는 받아 내기 어려울 가능성이 높습니다. 누구나 사정이 있을 수 있습니다. 한 달 분 결제가 어렵다면 **일주일 분씩이라도 결제를 유도**하시기 바랍니다. 예를 들어 2주 후에 내겠다거나 다음 달에 두 달 분을 내겠다고 하면 이는 연체의 징조입니다. 만약 일주일 분씩 결제도 어렵다고 한다면 며칠의 말미를 주고 퇴실해 줄 것을 정중히 요청하는 것이 좋겠습니다.

Q.32

실내흡연자로 인해 다른 입주민들의 민원이 끊임없이 발생하고 있습니다. 이 입주민을 퇴실 조치하고 싶은데 어떻게 하면 좋을까요?

　고시원의 **최악의 불량 입주민이 바로 실내 흡연자**라고 할 수 있습니다. 비흡연자를 포함하여 다른 입주민들에게 커다란 불편을 끼치게 됩니다. 특히 화재의 위험도 있고 연기감지기에 담배 연기가 감지되어 화재경보 오작동의 원인이 되기도 합니다. 만약 실내 흡연하는 입주민이 누구인지 이미 알고 있다면 바로 퇴실 조치하세요. 고시원의 입실 계약서 또는 확인서에는 고시원 생활의 주의 사항들이 적혀 있기 마련인데 **타 입주민들에게 피해를 주는 경우 강제 퇴실 조치할 수 있다는 내용이 반드시 포함**되어 있어야 합니다. 방에 담배 냄새가 배어 있을 경우에는 강제 퇴실은 물론이고 도배 비용을 포함하여 담배 냄새 제거에 소요되는 모든 비용을 해당 입주민이 지불한다는 내용도 들어가 있는 것이 좋습니다. 감정은 최대한 배제하고, **입실 계약서 또는 확인서에 근거**해서 이성적으로 그리고 정중하게 퇴실을 요청하면 됩니다. 입실 안내 시에도 흡연에 대해 강조해서 설명할 필요가 있습니다. 이렇게 하면 아무래도 실내 흡연에 대한 경각심을 갖게 할 수 있습니다.

그러나 실내 흡연자가 누구인지 모르는 경우가 사실 해결하기 상당히 어려운 문제입니다. 단기간에 해결이 쉽지 않고 시간을 요하는 경우가 대부분입니다. 이런 경우에는 **단체 문자를 이용하여 지속적으로 그리고 정중하게 경고성 메시지**를 보냅니다. 또 민원을 제기한 입주민과 주변의 비흡연 입주민들로부터 제보를 받다 보면 실내 흡연 가능성 있는 입주민들의 범위를 상당히 좁혀 갈 수 있습니다.

Q.33

문을 쾅쾅 닫는 입주민과 복도를 걸을 때 쿵쿵 소리가 나도록 걷는 입주민 때문에 민원이 들어올 때는 어떻게 해결하면 좋을까요?

이런 입주민들에게 접근할 때 주의가 필요합니다. 상황을 있는 그대로 설명하면 바로 납득하고 주의하겠다고 하는 입주민이 있는 반면, 불쾌하게 받아들이는 입주민도 있기 때문입니다. 본인의 잘못을 알지만 그것을 지적당하게 되면 대부분 사람들은 자기방어를 하게 됩니다. 따라서 고시원 운영자가 탓하는 투로 얘기하면 입주민과 말싸움이 나는 경우도 종종 있으니 주의가 필요한 것입니다. **문을 세게 닫는 입주민 방에는 문풍지 등을 문에 대어 주고 쿵쿵 걷는 입주민에게는 생활용품점에서 푹신푹신한 슬리퍼를 사서 주는 것도 해결 방법**입니다. 물론 최대한 정중한 표현으로 상황 설명도 더합니다. 감정 상하지 않게 하면서 필요한 내용을 전달하는 것이 중요한데 요령이 생기면 부드럽게 잘 해결할 수 있습니다.

Q.34

고시원 생활 규칙을 제대로 지키지 않아 선의의 입주민들에게 피해를 주는 불량 입주민을 내 보내고 싶은데 어떻게 하면 될까요?

주택임대차보호법을 적용받으려면 전세(보통 2년) 또는 월세(보증금과 월 차임, 보통 1년)로 임대차계약을 체결했을 때입니다. 고시원은 보증금이 없는 월 단위의 월세 계약으로 계약기간이 1개월입니다. 고시원 입실 계약은 쌍방의 합의에 따라서 체결되는 것으로 어느 일방이 더 이상 계약을 진행할 의사가 없음을 상대방에게 전달하면 계약일에 맞추어 계약은 종료되는 것입니다. 입실자가 개인 사정이 생겨 스스로 퇴실하는 경우도 여기에 해당합니다. 퇴실하는 입주민을 억지로 눌러 앉혀 입실료를 내라고 할 수는 없는 일이지요. 마찬가지로 고시원 운영자가 입실자에게 계약 종료 의사를 밝히면 역시 해당일에 계약이 종료됩니다. 물론 일정 기간 말미를 주는 것이 좋겠지요. 그럼에도 불구하고 **퇴실하지 않는 입주민은 타인 재산을 불법점유 하는 것**입니다. 경찰을 부르는 등 법적 조치가 가능합니다. 간혹 주택임대차보호법 적용을 받는다고 착각하는 입주민이 있는데 그렇지 않

습니다. **고시원은 사업자등록증에 숙박업으로 기재**됩니다. 상
업시설로 **주택임대차보호법과는 무관하다는 점**을 잘 기억해 두
시기 바랍니다.

Q.35

세무사 도움 없이 세금신고할 수 있나요? 아니면 세무사 도움을 받아야 하나요?

    고시원과 관련된 세금의 종류는 크게 2가지로 보면 됩니다. 일 년에 두 번(7월과 1월) 신고하는 부가가치세, 매년 5월에 신고하는 종합소득세입니다. 세금 신고를 매우 어렵게 생각하여 세무사 도움을 받는 분들도 계시는데 실제로 홈텍스에 들어가서 큰 어려움 없이 직접 세금 신고를 할 수 있습니다. 세무사를 쓰게 되면 보통 매달 7~10만 원의 비용이 발생합니다. 물론 도저히 홈텍스로 세금 신고가 불가능한 분은 세무사 도움을 받는 것이 좋겠죠. 먼저 홈텍스에 사업자용 신용카드를 등록해 두고 **간편장부를 다운로드 하여 이 장부에 매출과 비용을 발생 일자 별로 기록**만 해 두면 됩니다. 간편장부는 자동 합산 기능이 있어 **매월 수익도 한눈에 볼 수 있는 부가적인 이점**이 있습니다. 이를 근거로 신고 기간에 홈텍스의 안내에 따라 차근차근 신고 양식을 채워 나가면 어려움 없이 **셀프 신고가 가능**합니다.